Herderbücherei

Band 1747

Über das Buch

Die Ungerechtigkeit der Welt, der millionenfache Tod und das Leiden Unschuldiger, das naturwissenschaftliche Weltbild und die philosophische Religionskritik fordern den Glauben heraus. Müssen wir Abschied nehmen von Gott? Ist der Glaube tot, weil er der Realität der Welt nicht mehr standhält? Heinrich Fries konfrontiert den Glauben konstruktiv mit den Anfragen unserer Zeit. Er zeigt an vielen Beispielen aus der modernen Literatur, wie der Glaube des Christen sich vor dieser Kritik bewährt und bewahrheitet.

Über den Autor

Heinrich Fries, 1911 in Mannheim geboren, studierte an der Universität Tübingen Theologie und Philosophie, 1941 Dr. theol., 1945 Dr. theol. habil.; 1950 wurde er zum Professor für Religionsphilosophie und katholische Fundamentaltheologie an der Universität Tübingen berufen. 1958 folgte er einem Ruf an die Universität München auf den Lehrstuhl für Fundamentaltheologie, 1964 wurde er Vorstand des Instituts für Ökumenische Theologie. Seit 1979 ist er emeritiert; lebt in München.

Zahlreiche Veröffentlichungen zu Fragen von Religion und Glaube, Offenbarung und Kirche sowie Ökumene; Hauptwerk: Fundamentaltheologie 1983; Mitherausgeber der „Quaestiones disputatae und der Newman-Studien, der Catholica.

Heinrich Fries

Abschied von Gott?

Herausforderung und Chance des Glaubens

Herderbücherei

Veröffentlicht als Herder-Taschenbuch

Buchumschlag: Werner Bleyer
Umschlagbild: Roland P. Litzenburger, Christus der Narr – in den Konzentrationslagern des 20. Jahrhunderts, 1978

Herder Freiburg · Basel · Wien
Herstellung: Freiburger Graphische Betriebe 1991
ISBN 3-451-08747-2

Frau Hildegard Förschner,
die seit vierzig Jahren meine Wege
begleitet und meine Arbeit außerordentlich
hilfreich unterstützt hat,
in großer Dankbarkeit

Inhalt

III.
Gott ist nicht tot

Vorwort

Unter dem Titel: „Gott ist tot? Eine Herausforderung – Zwei Theologen antworten" –, ist im Südwest Verlag München 1968 ein Buch erschienen, das eine große Resonanz fand. Die beiden Theologen waren Rudolf Stählin und ich. Der von mir verfaßte Teil ist 1971 als Herderbücherei-Band (Nr. 413) veröffentlicht worden unter dem Titel: „Abschied von Gott? Ein Theologe antwortet". Dieses Taschenbuch hat bis jetzt acht Auflagen erreicht und ist vor allem für den Religionsunterricht und für die christliche Erwachsenenbildung als Hilfe begrüßt und aufgenommen worden. Als man daran dachte, auf Grund vieler Anfragen eine neue Auflage vorzubereiten, erwies es sich als dringend notwendig, eine Neubearbeitung vorzunehmen. Der Zeitabstand von mehr als 20 Jahren hat auch die mit dem Thema gegebene Fragestellung verändert und zum Teil neu bestimmt. Die vorliegende Ausgabe sucht diesem Umstand Rechnung zu tragen durch neue Texte und veränderte Problemstellungen. Die „Klassischen Texte" blieben dabei erhalten, nicht zuletzt aus dem Grund, weil sie als Motive und Argumente bis heute wirksam geblieben sind.

Der Untertitel: „Herausforderung und Chance des Glaubens" sollte deutlich machen, daß das Thema „Abschied von Gott?" eine bleibende, bis heute lebendige Frage enthält, die neben der Herausforderung auch eine Chance für den Glauben an Gott in sich schließt und zur Selbstbesinnung des Glaubens aufruft. Außerdem sollten die Fragen, die mit dem Abschied von Gott verbunden sind, nicht ohne Antwort bleiben. Dies soll vor allem auch dadurch geschehen, daß sie selbst Gegenstand von Fragen werden.

Während in früheren Epochen der Atheismus von seiten des christlichen und kirchlichen Glaubens gleichsam en bloc und absolut verurteilt und verworfen wurde, hat das Zweite Vatikanische Konzil in der Pastoralkonstitution „Die Kirche in der Welt von heute“ eine ganz neue und sehr differenzierte Sprache gefunden. Dort heißt es:

„Mit dem Wort Atheismus werden voneinander sehr verschiedene Phänomene bezeichnet. Manche leugnen Gott ausdrücklich; andere meinen, der Mensch könne überhaupt nichts über ihn aussagen; wieder andere stellen die Frage nach Gott unter solchen methodischen Voraussetzungen, daß sie von vornherein sinnlos zu sein scheint. Viele überschreiten den Zuständigkeitsbereich der Erfahrungswissenschaften und erklären, alles sei nur Gegenstand solcher naturwissenschaftlicher Forschung, oder sie verwerfen umgekehrt jede Möglihkeit einer absoluten Wahrheit. Manche sind, wie es scheint, mehr interessiert an der Bejahung des Menschen als an der Leugnung Gottes, rühmen aber den Menschen so, daß ihr Glaube an Gott keine Lebensmacht mehr bleibt. Andere machen sich ein solches Bild von Gott, daß jenes Gebilde, das sie ablehnen, keineswegs der Gott des Evangeliums ist. Andere nehmen die Fragen nach Gott nicht einmal in Angriff, da sie keine Erfahrung der religiösen Unruhe zu machen scheinen und keinen Anlaß sehen, warum sie sich um Religion kümmern sollten. Der Atheismus entsteht außerdem nicht selten aus dem heftigen Protest gegen das Übel in der Welt oder aus der unberechtigten Übertragung des Begriffs des Absoluten auf gewisse menschliche Werte, so daß diese an die Stelle Gottes treten. Auch die heutige Zivilisation kann oft, zwar nicht von ihrem Wesen her, aber durch ihre einseitige Zuwendung zu den irdischen Wirklichkeiten, den Zugang zu Gott erschweren ...

Gewiß sind die, die in Ungehorsam gegen den Spruch ihres Gewissens absichtlich Gott von ihrem Herzen fernzuhalten und religiöse Fragen zu vermeiden suchen, nicht ohne Schuld: aber auch die Gläubigen selbst tragen daran eine gewisse Verantwortung. Denn der Atheismus, allseitig betrachtet, ist nicht eine ursprüngliche und eigenständige Erscheinung; er entsteht vielmehr aus verschiedenen Ursachen, zu denen auch die kritische Reaktion gegen die Religionen, und zwar in einigen Ländern vor allem gegen die christliche Religion, zählt. Deshalb können an dieser Entstehung des Atheismus die Gläubigen einen erheblichen Anteil haben, insofern man sagen muß, daß sie durch Vernachlässigung der Glaubenserziehung, durch mißverständliche Darstellung der Lehre oder auch durch die Mängel ihres religiösen, sittlichen und gesellschaftlichen Lebens das wahre Antlitz Gottes und der Religion eher verhüllen als offenbaren."

Im Horizont und im Geist dieser Konzilsaussagen, die aufs neue belegen, wie inspirierend, erweckend und ermutigend seine heute leider oft vergessene oder verschwiegene Botschaft war, sind die Darlegungen dieses Buches zu sehen und zu würdigen. Dem Verfasser ist sehr wohl bewußt, daß er vielleicht eine weithin repräsentative, aber keineswegs eine erschöpfende Darstellung des Themas geben kann und daß die versuchten Antworten einer besseren und vertiefteren Fassung ebenso bedürftig wie fähig sind.

München, im Mai 1991 *Heinrich Fries*

Einführung in die Frage

Vor mehreren Jahren erklärte der französische Philosoph und Schriftsteller Jean-Paul Sartre auf die Frage der zu seinem Empfang versammelten Journalisten: „Was gibt's Neues?" von der Gangway eines Flugzeugs herab: „Voilà, meine Herren, Gott ist tot."

Diese Frage zielt auf etwas anderes und setzt etwas anderes voraus, als es in dem Satz begegnet: Gott existiert nicht. Wenn Gott nicht existiert, kann auch vom Tod Gottes nicht gesprochen werden. Wer vom Tod Gottes oder vom toten Gott spricht, setzt voraus, daß Gott einmal gelebt und als solcher vielleicht gewirkt, gehandelt und gesprochen habe, aber nun gestorben sei, also nicht mehr lebe, wirke, rede. Offenbar will mit der Frage: „Gott ist tot?" und „Abschied von Gott?" und mit der sie einschließenden – bejahenden – Antwort eine Erfahrung ausgesprochen werden, die der Mensch und die Menschheit in der neueren Zeit, vor allem in der Gegenwart, gemacht haben und machen. Mag auch die Menschheit, so wird gesagt, lange Zeit im Glauben an Gott gelebt haben und von der Überzeugung der Existenz eines lebendigen Gottes, als Herr der Welt und des Menschen, „als Ursprung und Ziel aller Dinge", erfüllt gewesen sein, mag auch Europa fast 2000 Jahre lang im Horizont des christlichen Glaubens gestanden und aus diesem Glauben gedacht, Geschichte und Kultur gestaltet haben, unsere Erfahrungen: die des Wissens, der Wissenschaft und der Technik, unsere befreienden Entdeckungen vom Menschen: von seiner Fähigkeit, von seiner Intelligenz und Macht, unsere durchdringende, kritische, ins Dunkel leuchtende Vernunft, vor allem aber: Was der jetzt lebenden Generation widerfahren ist und widerfährt an bisher nie gekannten und für unvorstellbar gehaltenen Leiden, Schrecken, Kriegen, Verbrechen, Katastrophen und Sinnlosigkeiten, macht es nicht mehr möglich, den religiösen Glauben, den Glauben an Gott und den christlichen Glauben, aufrechtzuerhalten, aus diesem Glauben heraus Leben und Geschichte zu verstehen, mit diesem Glauben Gegenwart und Zukunft zu gestalten. Die Stunde des Abschieds von Gott ist gekommen.

Seit dem ersten Erscheinen dieses kleinen Buches 1968 bzw. 1971 hat sich allerdings im Blick auf unser Thema ein unübersehbarer Wandel vollzogen. Neben dem nach wie vor weltweit antreffbaren Abschied von Gott und einem vielfältig motivierten praktischen Atheismus gibt es inzwischen eine neue Zuwendung zu ihm in der Form einer neu erwachten Religiosität in den verschiedensten Formen. Das Thema der Frankfurter Buchmesse 1982 lautete: „Religion von gestern in der Welt von heute". Diese hat ihren Grund im menschlichen Ungenügen an dem bloß Faktischen, an dem, was der Fall ist, ein Ungenügen auch an dem, was machbar ist, ein Ungenügen an der Wohlstands-, Konsum- und Leistungsgesellschaft. Dazu kommt die weltweite Erfahrung der Grenzen des Wachstums. Diese verbindet sich mit der unabweisbaren Frage: Dürfen wir menschlich, verantwortlich tun, wozu wir technisch in der Lage sind? In wessen Dienst stehen unsere technischen Möglichkeiten und Errungenschaften? Welchen Sinn, welches Ziel haben Naturwissenschaft und Technik? Darauf geben diese selbst keine Antwort. Sie sind dazu auf Grund ihrer Voraussetzungen und Methoden auch gar nicht fähig. Und doch hängt daran das Schicksal des Menschen, der Menschheit, der Welt. Mit anderen Worten: Technik und Wissenschaft verlangen ein Ethos, das sie sich selbst nicht geben können, das aber um des Menschen und seines Überlebens willen unverzichtbar ist. Diesem Thema hat sich in letzter Zeit vor allem Hans Küng gewidmet, programmatisch in dem Buch: Projekt Weltethos. „Daß uns die wissenschaftliche Erkenntnis zugleich mit der sittlichen Größe ausstattete, die wir brauchen, um Verantwortung zu tragen, ist eine Hoffnung, die den Tatsachen nicht entspricht“ (C. F. von Weizsäcker).

Heute finden wir in weiten Kreisen einen Zug zur Meditation, zur Innerlichkeit, zur Verantwortung und Solidarität. Eines ihrer Phänomene ist die Proklamation des New Age und die große Sympathie mit fernöstlichen Mentalitäten und Religionen. Bei alledem ist allerdings bemerkenswert, daß die neuen religiösen und ethischen Impulse an den christlichen Kirchen als Institutionen von Religion weitgehend vorbeigehen, ja sich nicht selten gegen sie wenden. „Ich hasse die katholische Kirche mehr als alles andere auf der Welt“, erklärte eine deutsche, ehemals katholische Schriftstellerin. Der laute und stille Auszug aus den Kirchen ist die öffentliche Manifestation dieser Haltung.

Man hat den Eindruck, daß die verantwortlichen Leiter der Kirchen dies viel zu wenig als Anlaß zu einer Gewissenserforschung und Selbstprüfung nehmen. Andererseits bahnt sich eine neue Form von größerer Ökumene an: der Dialog der christlichen Kirchen mit den außerchristlichen Religionen. Dabei darf nicht übersehen werden, daß auch im Fernen Osten der Säkularismus, die Welt- und Daseinsdeutung, als ob es das Göttliche nicht gebe, Einzug gehalten hat.

Ein weiterer Grund für eine Veränderung zugunsten von Religion, zu deren Bestimmung der Bezug zur Wirklichkeit des Göttlichen gehört, liegt in der politischen Veränderung, die mit dem Namen und dem Programm von Glasnost und Perestrojka und dem Fall der Berliner Mauer verbunden ist. In den lange Zeit vom kommunistischen Totalitarismus beherrschten Staaten des Ostens tat sich eine Öffnung zur Freiheit und zu Befreiung auf. Da mit diesem System nicht nur die staatliche Zwangswirtschaft, sondern auch der weltanschauliche, staatlich verordnete Atheismus verbunden war, bedeutete diese Wende auch den Abschied von der atheistischen Zwangsverordnung und die Öffnung zur Glaubens- und Religionsfreiheit. Dabei hat es sich gezeigt, daß unter der Decke des befohlenen Atheismus Spuren des Religiösen, auch des Christlichen lebten und zur Wirksamkeit gelangten. Selbst in Albanien, das als erster atheistischer Staat der Welt proklamiert und gepriesen wurde, ist der Wille zur Freiheit aufgebrochen; Glaubens- und Religionsfreiheit sind auch dort zu Prinzipien erhoben worden. Die der Profanität preisgegebenen Gotteshäuser wurden ihrer ursprünglichen Bestimmung zurückgegeben. Hohe kommunistische Repräsentanten nahmen offiziell an den Ostergottesdiensten in diesem Jahr teil.

Es wäre nun sicher falsch zu meinen, aus diesen Fakten werde ein religiös geprägtes Europa entstehen oder gar ein christliches Abendland, so daß eine Neuevangelisierung Europas nicht nur eine Aufgabe, sondern eine neue Chance darstelle. Die politische Wende und die Proklamation von Glaubens- und Religionsfreiheit hat nicht gleichsam von selbst die Wende in der Gesinnung und in der Mentalität des Menschen gebracht, also die universale Zuwendung zur Religion und zum Glauben an Gott oder zum Christentum. Die Grundströmung eines Daseins- und Weltverständnisses ohne Gott, als ob es Gott nicht gäbe, der Säkularismus und praktische Atheismus bleiben bestehen und weiterhin wirksam. Diese Auffassung bleibt – auch und gerade im Osten Deutschlands –, und verbindet sich verstärkend und ansteckend mit dem praktischen Atheismus des Westens.

Für unser Thema ist eine neue Situation eingetreten durch das Ereignis des Golfkrieges. Das zu Beginn ausgesprochene Wort: „Hier kann man nur noch beten", war keineswegs ironisch oder zynisch gemeint, sondern als Eingeständnis der Grenzen aller menschlichen und politischen Bemühungen. Das Gebet richtete sich nicht an Gott, den Lenker der Schlachten, wie es in früheren

„Kriegsliedern" hieß, sondern war die Bitte um einen Frieden in Gerechtigkeit. Sie war verbunden mit der Überzeugung, daß nur durch einen Wandel der Gesinnung und der Mentalität, durch Verantwortung und Einsicht der Verantwortlichen Wege zum Frieden gefunden werden können. Und eben dies ist nicht nur Werk und Leistung der Menschen, gewiß auch das, aber es ist noch mehr Geschenk und Gabe des Gottes, der die alles bestimmende Wirklichkeit ist. Der Inhalt der Gebete war zwar verschieden; der Horizont reichte von der Bitte um Vernichtung der Feinde und der Ungläubigen bis zur Bitte um die Wiederherstellung der Gerechtigkeit, um die Kraft der Vermittlung, der Versöhnung, bis zur Bitte um jenen Frieden, den nur Gott gewähren kann als Quelle der Versöhnung. Damit ist die Überzeugung verbunden, daß Gott Macht hat über die Herzen der Menschen, daß er sie bewegt und ermutigt.

Gott läßt sich aber nicht vereinnahmen, so daß er auf Seiten derer steht, die ihre Sache zur Sache Gottes erklären mit der Behauptung, daß „Gott mit uns sei" und auf der Seite der Sieger steht. Das „Gott mit uns" stand auch auf dem Koppelschloß der Soldaten der deutschen Wehrmacht unter Adolf Hitler, der mit der scheinheiligen Beschwörung der Vorsehung den Krieg bis zur totalen Vernichtung und zum Tod von Millionen führte.

Es ist ein Zeichen der Hoffnung, daß, wie es in diesen Wochen geschah, in christlichen Kirchen Moslems und Christen im Gebet um den Frieden vereint waren. Der Gott Abrahams, Isaaks und Jakobs kann alle Gläubigen versöhnen. Wo solches geschieht und wenn es in allen Teilen der Welt und der kriegführenden Parteien geschehen würde, würden sich Wege zum Frieden finden. Der Sieg der Waffen ist noch keine Garantie für einen Frieden, der nur ein Werk der Gerechtigkeit sein kann. Das zeigt sich in der makabren Situation der Kurden nach dem Golfkrieg.

Der Glaube an den Gott der Offenbarung, den Gott,

der Moslems, Juden und Christen gemeinsam ist, darf kein Anlaß zu einem weltvernichtenden Krieg, sondern soll eine Quelle des Friedens sein. Das hat Nicolaus von Kues im 15. Jahrhundert anläßlich der Eroberung Konstantinopels durch die Türken erklärt und in seinem Werk „De pace fidei" – über den Glaubensfrieden – dargelegt; ein Buch, das heute noch so aktuell ist wie vor fast 500 Jahren. Hier finden die Gläubigen und die Theologen aller Religionen eine ebenso große Chance wie Herausforderung.

Mit Recht hat heute Hans Küng in seinem Buch „Projekt Weltethos" folgende Basissätze formuliert: Kein menschliches Zusammenleben ohne ein Weltethos der Nationen; Kein Frieden unter den Nationen ohne Frieden unter den Religionen; Kein Frieden unter den Religionen ohne Dialog unter den Religionen; Kein Dialog zwischen den Religionen ohne theologische Grundlagenforschung. Damit ist die christliche Theologie herausgefordert.

Aber täuschen wir uns nicht: Die Situation eines Krieges kann auch zu einer großen Krise des Glaubens an Gott, an seine Macht, Gerechtigkeit und Liebe werden. Not lehrt nicht nur beten, sondern auch fluchen; Not lehrt nicht nur beten, sondern auch verzweifeln. In Auschwitz ist nicht nur gebetet worden, die Aussage: Gott ist tot, er ist gestorben, war nicht weniger eindringlich vernehmbar. Viele haben in dieser Lage Abschied von Gott genommen.

Dazu kommt: Die Gründe der vielgestaltigen Religionskritik, des Säkularismus und des Positivismus gegen die Existenz und Wirklichkeit Gottes sind nicht einfach untergegangen oder verschwunden. Sie wirken subkutan weiter, und eines Tages werden sie, wie immer die gegenwärtige Situation ausgeht, fröhliche Urständ feiern.

Aus diesem Grund ist es sinnvoll und wichtig, die verschiedenen Positionen eines Abschieds von Gott in repräsentativen Texten zu Wort kommen zu lassen. Auch hier gilt: Die Geschichte des Abschieds von Gott ist nicht nur vergangen, sie bleibt eine bestimmende Kraft auch der Gegenwart. Der Mensch ist ein geschichtliches Wesen.

Die Fragen: „Gott ist tot?“ und „Abschied von Gott?“ täuschen eine Übereinstimmung, Klarheit und Selbstverständlichkeit vor, die so nicht besteht. Denn – so muß man fragen – ist es sicher, ist es ausgemacht, wer Gott ist, dessen Abschied man ansagt, dessen Tod man feststellt? Welcher Gott ist tot? Die gleiche und wie selbstverständlich erachtete Verwendung des gleichen Namens täuscht über die Unterschiede hinweg, die sich in und zwischen den Religionen finden, die von Gott sprechen, und sie wirft den christlichen Glauben in einen Topf mit den Gottesvorstellungen sonst und überhaupt. Das ist eine unzulässige Vereinfachung.

Ebenso ist zu fragen: Ist mit der Frage „Abschied von Gott?“ vielleicht gemeint, daß eine bestimmte Vorstellung und Anschauung, daß ein bestimmtes Bild von Gott oder eine Einzelaussage über ihn tot ist? Aber ist damit etwas über Gott selbst ausgesagt? Ist der Abschied von bestimmten Vorstellungen von Gott der Tod Gottes?

Wie notwendig solche Überlegungen und Unterscheidungen sind, mag man daran erkennen, daß auch Theologen heute vom Tod Gottes sprechen. Wenn darin kein vollendeter Widerspruch und Widersinn liegen soll – denn Theologie ist Rede von Gott –, dann kann das Wort vom Tod Gottes nicht einfach in seinem oberflächlichen Sinn verstanden werden. Dann ist es notwendig, Unterscheidungen anzubringen und zu fragen, was damit im einzelnen gemeint ist.

Die Sache erhält noch einen weiteren charakterisierenden Zug, wenn man sich vergegenwärtigt, daß nicht nur Sokrates, einer der frömmsten und gläubigsten vorchristlichen Philosophen, wegen „Gottlosigkeit“ angeklagt und zum Tod verurteilt wurde, sondern daß auch die ersten Christen als „Atheisten“ angezeigt und verfolgt wurden, weil sie sich weigerten, die römische Staatsreligion und den römischen Götterglauben zu übernehmen.

Endlich aber: Die Rede vom Tod Gottes ist dem Christen durchaus bekannt. Der Karfreitag und der Karsamstag – Höhepunkte des christlichen Gedenkens – sind bestimmt durch die Aussage, die ein altes Kirchenlied in den Worten ausspricht: „O große Not – Gott selbst ist tot". Es ist die Umschreibung des Satzes vom apostolischen Glaubensbekenntnis, das von Jesus Christus, „Gottes eingeborenem Sohn", bezeugt: gekreuzigt, gestorben, begraben. So ergibt sich ein ganzes Bündel von Fragen. Die Frage: „Abschied von Gott?" erweist sich als Frage, die in ihrer Sinnspitze keineswegs eindeutig ist. Sie ist deshalb – das sieht man – völlig ungeeignet, im Sinn eines leicht faßbaren und verwendbaren Schlagwortes gebraucht zu werden.

Die folgenden Überlegungen sollen einen Einblick in die Verschiedenheit dieser Frage und dessen, was sie enthalten kann, gewähren.

Ebenso soll – und dieser Aufgabe wenden wir uns zunächst zu – aufgezeigt werden, in welcher Weise die Frage: „Abschied von Gott?" – „Gott ist tot?" in der Geschichte, vor allem in der neueren Geschichte, begegnet. Dazu sollen – modellartig – einige Texte vorgestellt und gedeutet werden. Die Frage: „Abschied von Gott?" ist nicht erst von heute. Sie ist auf das Heute zugekommen. Deshalb kann man das Heute erst verstehen, wenn man seinen Ursprung im vielfältig bestimmten Gestern entdeckt.

Indes, wenn wir geschichtliche Ausprägungen eines Tatbestandes vorstellen, dann geschieht es nicht, um zu sehen und zu sagen, wie es gewesen ist, sondern um zu erkennen, was ist und wie es ist. Dies wird in der Geschichte ausgelegt.

In einem zweiten Teil soll versucht werden, die in den Texten begegnenden Fragen zu befragen, um ein Gespür für ihre Vielfalt, für die Verschiedenartigkeit ihrer Bedeutung und ihres Gewichts zu gewinnen.

In Fragen liegen immer auch schon Antworten bereit.

Jedes Fragen schließt ein Wissen und Erkennen ein, sonst kämen wir nie auf die Frage. Was aber nie „in Frage kommt", kann auch nicht erkannt und gesehen werden.

Der dritte Teil versucht, diese Antwort ausdrücklich zu geben. Aber schon jetzt sei gesagt: Diese Antworten können niemals so sein, daß sie keine Fragen mehr zulassen, daß sie jeden Zweifel ausschließen. Das spricht nicht gegen die Antworten und ist kein Einwand gegen sie. Glauben heißt auch: Spannungen aushalten, heißt auch: mit ungelösten Fragen leben. Aber es macht deutlich, wie sehr die Antworten in der Frage nach Gott, auch in der Frage: „Abschied von Gott?" „Gott ist tot?" in die Freiheit und Entscheidung des Menschen gestellt sind.

I.

Texte

Eine Vision –

Jean Paul

An den Anfang unserer Überlegungen, die das hier gestellte Thema in geschichtlicher Darstellung entfalten, sei jene Vision gestellt, die der Dichter *Jean Paul* gestaltet hat in der „Rede des toten Christus vom Weltgebäude herab, daß kein Gott sei". Der Text lautet:

„Ich lag einmal an einem Sommerabende vor der Sonne auf einem Berge und entschlief. Da träumte mir, ich erwachte auf dem Gottesacker. Die herabrollenden Räder der Turmuhr, die elf Uhr schlug, hatten mich erweckt. Ich suchte im ausgeleerten Nachthimmel die Sonne, weil ich glaubte, eine Sonnenfinsternis verhülle sie mit dem Mond. Alle Gräber waren aufgetan, und die eisernen Türen des Gebeinhauses gingen unter unsichtbaren Händen auf uns zu. An den Mauern flogen Schatten, die niemand warf, und andere Schatten gingen aufrecht in der bloßen Luft. In den offenen Särgen schlief nichts mehr als die Kinder. Am Himmel hing in großen Falten bloß ein grauer, schwüler Nebel, den ein Riesenschatte wie ein Netz immer näher, enger und heißer herein zog. Über mir hört' ich den fernen Fall der Lawinen, unter mir den ersten Tritt eines unermeßlichen Erdbebens. Die Kirche schwankte auf und nieder von zwei unaufhörlichen Mißtönen, die in ihr miteinander kämpften und vergeblich zu einem Wohllaut zusammenfließen wollten. Zuweilen hüpfte an ihren Fenstern ein grauer Schimmer hinan, und unter dem Schimmer lief das Blei und Eisen zerschmolzen nieder. Das Netz des Nebels und die schwankende Erde rückten mich in den Tempel, vor dessen Tore in zwei Gift-Hecken zwei Basilisken funkelnd brüteten. Ich ging durch unbekannte Schatten, denen alte Jahrhunderte aufgedrückt waren. – Alle Schatten standen um den Altar, und allen zitterte und schlug statt des Herzens die Brust.

Nur ein Toter, der erst in die Kirche begraben worden, lag noch auf seinen Kissen ohne eine zitternde Brust, und auf seinem lächelnden Angesicht stand ein glücklicher Traum. Aber da ein Lebendiger hinein trat, erwachte er und lächelte nicht mehr, er schlug mühsam ziehend das schwere Augenlid auf, aber innen lag kein Auge, und in der schlagenden Brust war statt des Herzens eine Wunde. Er hob die Hände empor und faltete sie zu einem Gebete; aber die Arme verlängerten sich und löseten sich ab, und die Hände fielen gefaltet hinweg. Oben am Kirchengewölbe stand das Zifferblatt der *Ewigkeit,* auf dem keine Zahl erschien und das sein eigner Zeiger war; nur ein schwarzer Finger zeigte darauf, und die Toten wollten die *Zeit* darauf sehen.

Jetzo sank eine hohe edle Gestalt mit einem unvergänglichen Schmerz aus der Höhe auf den Altar hernieder, und alle Toten riefen: ‚Christus! Ist kein Gott?"

Er antwortete: ‚Es ist keiner.'

Der ganze Schatten jedes Toten erbebte, nicht bloß die Brust allein, und einer um den andern wurde durch das Zittern zertrennt.

Christus fuhr fort: ‚Ich ging durch die Welten, ich stieg in die Sonnen und flog mit den Milchstraßen durch die Wüsten des Himmels; aber es ist kein Gott. Ich stieg herab, so weit das Sein seine Schatten wirft, und schauete in den Abgrund und rief: ‚Vater, wo bist du?', aber ich hörte nur den ewigen Sturm, den niemand regiert, und der schimmernde Regenbogen aus Wesen stand ohne eine Sonne, die ihn schuf, über dem Abgrunde und tropfte hinunter. Und als ich aufblickte zur unermeßlichen Welt nach dem göttlichen *Auge,* starrte sie mich mit einer leeren, bodenlosen *Augenhöhle* an; und die Ewigkeit lag auf dem Chaos und zernagte es und wiederkäuete sich. – Schreiet fort, Mißtöne, zerschreiet die Schatten; denn Er ist nicht!'

Die entfärbten Schatten zerflatterten, wie weißer Dunst, den der Frost gestaltet, im warmen Hauche zerrinnt; und alles wurde leer. Da kamen, schrecklich für das Herz, die gestorbenen Kinder, die im Gottesacker erwacht waren, in den Tempel und warfen sich vor die hohe Gestalt am Altare und sagten: ‚Jesus! haben wir keinen Vater?' – Und er antwortete mit strömenden Tränen: ‚Wir sind alle Waisen, ich und ihr, wir sind ohne Vater.'

Da kreischten die Mißtöne heftiger – die zitternden Tempelmauern rückten auseinander – und der Tempel und die Kinder sanken unter – und die ganze Erde und die Sonne sanken nach – und das ganze Weltgebäude sank mit seiner Unermeßlichkeit vor uns vorbei – und oben am Gipfel der unermeßlichen Natur stand Christus und schauete in das mit tausend Sonnen durchbrochne Weltgebäude herab, gleichsam in das in die ewige Nacht gewühlte Bergwerk, in dem die Sonnen wie Grubenlichter und die Milchstraßen wie Silberadern gehen.

Und als Christus das reibende Gedränge der Welten, den Fackeltanz der himmlischen Irrlichter und die Korallenbänke schlagender Herzen sah, und als er sah, wie eine Weltkugel um die andere ihre glimmende Seele auf das Totenmeer ausschüttete, wie eine Wasserkugel schwimmende Lichter auf die Wellen streut: so hob er groß wie der höchste Endliche die Augen empor gegen das Nichts und gegen die leere Unermeßlichkeit und sagte: ‚Starres, stummes Nichts! Kalte, ewige Notwendigkeit! Wahnsinniger Zufall! Kennt ihr das unter euch? Wann zerschlagt ihr das Gebäude und mich? – Zufall, weißt du selber, wenn du mit Orkanen durch das Sternen-Schneegestöber schreitest und eine Sonne um die andere auswehest, und wenn der funkelnde Tau der Gestirne ausblinkt, indem du vorübergehest? – Wie ist jeder so allein in der weiten Leichengruft des All! Ich bin nur neben mir. – O Vater! o Vater! wo ist deine unendliche Brust, daß ich an ihr ruhe? – Ach wenn jedes Ich sein eigner Vater und Schöpfer ist, warum kann es nicht auch sein eigner Würgengel sein?

Ist das neben mir noch ein Mensch? Du Armer! Euer kleines Leben ist der Seufzer der Natur oder nur sein

Echo – ein Hohlspiegel wirft seine Strahlen in die Staubwolken aus Totenasche auf euere Erde hinab, und dann entsteht ihr bewölkten, wankenden Bilder. – Schaue hinunter in den Abgrund, über welchen Aschenwolken ziehen – Nebel voll Welten steigen aus dem Totenmeer, die Zukunft ist ein steigender Nebel, und die Gegenwart ist der fallende. – Erkennst du deine Erde?‘

Hier schauete Christus hinab, und sein Auge wurde voll Tränen, und er sagte: ‚Ach, ich war sonst auf ihr: da war ich noch glücklich, da hatt’ ich noch meinen unendlichen Vater und blickte noch froh von den Bergen in den unermeßlichen Himmel und drückte die durchstochne Brust an sein linderndes Bild und sagte noch im herben Tode: ‚Vater, ziehe deinen Sohn aus der blutenden Hülle und heb’ ihn an dein Herz!‘ ... Ach ihr überglücklichen Erdenbewohner, ihr glaubt *Ihn* noch. Vielleicht gehet jetzt euere Sonne unter, und ihr fallet unter Blüten, Glanz und Tränen auf die Knie und hebet die seligen Hände empor und rufet unter tausend Freudentränen zum aufgeschlossenen Himmel hinauf: ‚Auch mich kennst du, Unendlicher, und alle meine Wunden, und nach dem Tode empfängst du mich und schließest sie alle.‘ ... Ihr Unglücklichen, nach dem Tode werden sie nicht geschlossen. Wenn der Jammervolle sich mit wundem Rücken in die Erde legt, um einem schönern Morgen voll Wahrheit, voll Tugend und Freude entgegenzuschlummern, so erwacht er im stürmischen Chaos, in der ewigen Mitternacht – und es kommt kein Morgen und keine heilende Hand und kein unendlicher Vater! – Sterblicher neben mir, wenn du noch lebest, so bete Ihn an: sonst hast du Ihn auf ewig verloren.‘

Und als ich niederfiel und ins leuchtende Weltgebäude blickte, sah ich die emporgehobenen Ringe der Riesenschlange der Ewigkeit, die sich um das Welten-All gelagert hatte – und die Ringe fielen nieder, und sie umfaßte das All doppelt – dann wand sie sich tausendfach um die Natur – und quetschte die Welten aneinander – und drückte zermalmend den unendlichen Tempel zu einer Gottesacker-Kirche zusammen – und alles wurde eng, düster, bang – und ein unermeßlich ausgedehnter Glockenhammer sollte die letzte Stunde der Zeit schlagen und das Weltgebäude zersplittern ... als ich erwachte.

Meine Seele weinte vor Freude, daß sie wieder Gott anbeten konnte – und die Freude und das Weinen und der Glaube an ihn waren das Gebet. Und als ich aufstand, glimmte die Sonne tief hinter den vollen purpurnen Kornähren und warf friedlich den Widerschein ihres Abendrotes dem kleinen Monde zu, der ohne eine Aurora im Morgen aufstieg; und zwischen dem Himmel und der Erde streckte eine frohe vergängliche Welt ihre kurzen Flügel aus und lebte, wie ich, vor dem unendlichen Vater; und von der ganzen Natur um mich flossen friedliche Töne aus, wie von fernen Abendglocken."

Deutung

Diese Erzählung deuten wir nur richtig, wenn wir ausdrücklich vermerken, daß sie einen Traum, einen verwirrenden und schrecklichen Traum, einen Alptraum, schildert. Aus diesem Traum gibt es – der Schluß der Erzählung spricht es ausdrücklich aus – ein dankbares und frohes Erwachen darüber, daß es nicht so ist, wie es im Traum erlebt und dargestellt wurde: Gott ist nicht tot – er lebt, und der Mensch darf Gott wieder anbeten.

Die Bilder des Traumes sind ein Spuk, die Worte, die dabei gehört werden, wurden in Wahrheit nicht gesprochen. Der tote Christus, der einst den Glauben an den lebendigen Vater verkündete, der nach seiner Wanderung durch Welt und Sternenstraßen keinen Vater findet, sondern nur – „den ewigen Sturm, den niemand regiert", der statt des Auges die Augenhöhle erblickt hat, der auf die Frage: „Ist kein Gott?" antwortete: „Es ist keiner – wir sind alle Waisen, ihr und ich, wir sind ohne Vater", die

Rede des toten Christus – ein innerer Widerspruch – ist eine gespenstische Vision.

Das Erwachen in die Wirklichkeit ist wie eine Befreiung davon. Dies schließt allerdings nicht aus, daß der Dichter nicht daran gedacht haben könnte, daß sein Traumgesicht einmal Wirklichkeit und Ereignis werde. Deshalb kommt uns dieses – lange vergessene – Stück der deutschen Dichtung wie eine Prophetie vor. Zwar sagt uns die mit Bildern überladene, wuchernde Sprache dieser romantischen Dichtung nicht mehr zu, zwar haben wir ein anderes Gefühl der Welt gegenüber, aber die „Worte des toten Christus vom Weltgebäude herab, daß kein Gott sei", haben von ihrer ebenso beklemmenden wie klarsichtigen Deutlichkeit nichts verloren.

Ein zweites will und muß zum Verständnis des Textes bedacht sein. *Jean Paul* erklärt ausdrücklich, warum er diese Szene geschrieben habe:

„Wenn einmal mein Herz so unglücklich und ausgestorben wäre, daß in ihm alle Gefühle, die das Dasein Gottes bejahen, zerstört wären, so würde ich mich mit diesem Aufsatz erschüttern und – er würde mich heilen und mir meine Gefühle wiedergeben." Und:

„Das Ziel dieser Dichtung ist die Entschuldigung ihrer Kühnheit."

Nehmen wir auch hier die romantische, das Gefühl betonende Einkleidung weg, so erkennen wir: Wenn über den Dichter einmal der Gedanke und die Vorstellung, die Frage: „Gott ist tot?" kommen sollen, wenn sein Glaube an Gott zerstört würde, dann soll ihn diese Vision wieder erwecken und zurückrufen.

Wenn wir fragen, wodurch dies geschehen soll, dann ist es das Erschrecken darüber, wie eine Welt beschaffen ist, wie es um den Menschen bestellt ist, wenn Gott tot ist. Es ist die Welt des allgemeinen, schlechthinnigen Todes, der völligen Abgestorbenheit: Tote fragen und ein Toter antwortet Toten. Es ist die Welt der Finsternis, der Nacht, der Kälte. Es ist das Antlitz des leeren, gähnenden Nichts, in dem kein Funke von erleuchtendem Sinn mehr erkennbar ist, in dem Einsamkeit, Verlassenheit und Verzweiflung den Menschen überwältigen. Das „Gott alles in allem", das die Bibel kennt, wird zum „Tod alles in allem".

Die Vorstellung und der Gedanke: „Gott ist tot" hat keinen Schimmer von Großartigkeit, von Befreiung, von „standhaltender" Größe. Die heroisch sein wollenden Gesten werden zum Gespött. Die trotzige Selbstbehauptung „Ich will nicht" wird zur Auslieferung in die abgründige Ohnmacht, in die Angst, in die Fesseln der „kalten ewigen Notwendigkeit", der „Riesenschlange der Ewigkeit", des „wahnsinnigen Zufalls", des Alleinseins in „der weiten Leichengruft des All", in der alles „eng, düster und bang wird". Die Zukunft ist der steigende Nebel, die Gegenwart der fallende. Die Auskunft: „Gott ist tot" stürzt nicht Gott, sondern den Menschen in den Abgrund und enthüllt ihm die Gestalt von Welt und Dasein ohne Gott, eine Gestalt, die ihn zutiefst frieren und erschaudern läßt. Die Welt wird nicht einmal mehr fragwürdig. Auch die Fragwürdigkeit fällt in einen Abgrund von Nichts und Leere.

Jean Paul sagt es in dem von ihm selbst verfaßten Vorbericht, den er seiner Erzählung mitgibt:

„Das ganze geistige Universum wird durch die Hand des Atheismus zersprengt und zerschlagen in zahllose Punkte von Ichs, welche blinken, rinnen, irren, zusammen und auseinander fliehen, ohne Einheit und Bestand. Niemand ist im All so sehr allein als ein Gottesleugner – er trauert mit einem verwaisten Herzen, das den größten Vater verloren, neben dem unermeßlichen Leichnam der Natur, den kein Weltgeist regt und zusammenhält, und der im Grabe wächset; und er trauert so lange, bis er sich selbst abbröckelt von der Leiche. Die ganze Welt ruhet vor ihm wie die große, halb im Sande liegende Sphinx aus Stein, und das All ist die kalte eiserne Maske der gestaltlosen Ewigkeit."

Die Eindringlichkeit dieser dichterischen Vision, die Schilderung einer Welt und eines Daseins ohne Gott, die radikale Enthüllung des Atheismus bis in alle Konsequenzen, wie sie *Jean Paul* schilderte, haben es nicht vermocht, in der Folgezeit die Frage: „Gott ist tot?" und die damit verbundene Frage: „Abschied von Gott?" mit einem klaren Nein zu beantworten und den Menschen vor der Versuchung und Anfechtung dieser Frage zu bewahren. Die Frage ist erneut erwacht. Aus der Vision des toten Gottes ist Wirklichkeit und Tat geworden.

Davon soll im folgenden die Rede sein.

Gott als Nichts entlarvt

Ludwig Feuerbach

In seiner Vision vom toten Christus wollte *Jean Paul* den Atheismus entlarven. Die Entlarvung Gottes als Nichts war Ziel und Absicht eines Denkens, das bis zum heutigen Tage eine wesentliche Grundlage des Marxismus und Kommunismus darstellt. Der bekannteste Vertreter dieses Denkens ist *Ludwig Feuerbach* (1804–1872). *Marx* sprach dies in dem Wort aus: „Es gibt keinen andern Weg zur Wahrheit und zur Freiheit als den Feuer-bach. Der Feuerbach ist das Purgatorium der Gegenwart." Sein eigenes Programm entwickelte Feuerbach in den Thesen: „Aus Theologen will ich Anthropologen, aus Theophilen Philanthropen, aus Kandidaten des Jenseits Studenten des Diesseits, aus Betern will ich Arbeiter, aus religiösen Kammerdienern will ich freie Bürger machen."

Nach Feuerbach sind die Religion und ihre Inhalte, vor allem die Gottesvorstellungen, eine Schöpfung der Phantasie und der Einbildungskraft. Die Phantasie und die ihr

innewohnende Kraft zur Bildhaftigkeit, zur Personifizierung und Idealisierung wird angestoßen von den Wünschen und Bedürfnissen des Menschen, von allem, was sich auf des Menschen Wohl und Wehe bezieht. Feuerbach sagt:
„Was der Mensch nicht wirklich ist, aber zu sein wünscht, macht er zu seinem Gott, oder das ist sein Gott." „Hätte der Mensch keine Wünsche, so hätte er auch keine Religion." – „Der Mensch glaubt an Götter, weil er den Trieb hat, glücklich zu sein. Er glaubt ein seliges Wesen, weil er selbst selig sein will; er glaubt ein vollkommenes Wesen, weil er selbst vollkommen zu sein wünscht; er glaubt ein unsterbliches Wesen, weil er selbst nicht sterben will. Was er selbst nicht ist, aber zu sein wünscht, das stellt er sich in seinen Göttern als seiend vor. Die Götter sind die in wirkliche Wesen verwandelten Wünsche des Menschen." – Jeder Gott ist ein Wesen der Einbildung, ein Bild, und zwar ein Bild des Menschen; aber ein Bild, das der Mensch außer sich setzt und als selbständiges Wesen vorstellt. „In dem Gegenstande der Religion, den wir griechisch Theos, deutsch Gott nennen, spricht sich nichts anderes aus als das Wesen des Menschen."

In diesem Sinn muß es heißen:

„Nicht Gott schuf den Menschen nach seinem Bilde, sondern der Mensch schuf Gott nach seinem Bilde." „Der Unterschied zwischen dem heidnischen Gott und dem christlichen Gott ist nur der Unterschied zwischen dem heidnischen und christlichen Menschen oder Volke."

So ist Gott die Gesamtheit der Attribute, die die Größe des Menschen ausmachen.

„Der Wendepunkt in der Geschichte der Menschen wird der Augenblick sein, in dem es dem Menschen bewußt wird, daß der einzige Gott des Menschen der Mensch selbst ist."

Durch diese Entlarvung wird dem Menschen alles zurückgegeben, was er – fälschlicherweise – auf Gott übertragen oder ihm anheimgegeben hatte, die Werte, das

Tun, die Handlungen: „Wir müssen Gott der Liebe aufopfern, wollen wir nicht die Liebe Gott aufopfern."

Alles, was in der Religion getan und verwirklicht wurde: Güte, Gerechtigkeit, Weisheit, wird dem Menschen als dem rechtmäßigen Eigentümer und Besitzer zurückerstattet. Nach Feuerbach: Die Prädikate (die Aussagen) der Religion bleiben, nur das Subjekt (Gott) fällt fort; es ist aber ohnehin entbehrlich, denn es hat sich als Schöpfung der Phantasie erwiesen. „Gott ist tot." Er starb den Tod durch „Entdeckung" und „Entlarvung". Er hat sich als Nichts erwiesen. Die Verneinung des Subjekts (Gott) ist aber keineswegs auch die Verneinung der Prädikate. Feuerbach spricht von einem „religiösen Atheismus":

„Die Religion ist das Verhalten des Menschen zu sich selbst, oder richtiger zu seinem Wesen. Das göttliche Wesen ist nichts anderes als das menschliche Wesen. Alle Bestimmungen des göttlichen Wesens sind Bestimmungen des menschlichen Wesens. Das Bewußtsein des unendlichen Wesens ist nichts anderes als das Bewußtsein des Menschen von der Unendlichkeit seines Wesens." Das Wort „Gott ist die Liebe" bedeutet: Die Liebe ist Gott selbst, und außer ihm ist kein Gott.

Durch diese ebenso befreiende wie umstürzende Erkenntnis gewinnt der Mensch den wahren Humanismus zurück. Er verliert die „Selbstentfremdung", die Selbstentzweiung, die dadurch entsteht, daß sich der Mensch Gott als ein ihm entgegengesetztes Wesen gegenüberstellt. Der Atheismus ist die Negation jener Negation, die den Menschen negiert.

Karl Marx

Der von Feuerbach ausgesprochene Grundgedanke, daß die Religion und ihre Inhalte Spiegelungen eines andern seien: des Menschen, daß – ferner – in der (traditionellen) Religion und in ihren Inhalten, vor allem in den Gottesvorstellungen, der Mensch sich selbst entfremdet werde, kehrt in der Religionskritik von *Karl Marx* (1818–1883) wieder. Dabei erfolgt insofern eine Verschärfung und Änderung, als Marx die Wirklichkeit des Menschen anders als Feuerbach bestimmt; er beschreibt sie als durch wirtschaftliche und soziale Faktoren geprägte Wirklichkeit. Das gesellschaftliche Sein – das versteht Marx unter „Materialismus" – bestimmt das Bewußtsein des Menschen. Hier setzt auch die Kritik von Marx an Feuerbach ein, der nicht erkannt habe, daß „das religiöse Gemüt selbst ein gesellschaftliches Produkt ist und daß das abstrakte Individuum, das er analysiert, in Wirklichkeit einer bestimmten Gesellschaftsform angehört".

Ebenso wichtig ist der andere Unterschied, den Karl Marx im Schlußsatz seiner elf Thesen über Feuerbach zum Ausdruck bringt:„Die Philosophen haben die Welt nur verschieden interpretiert, es kommt aber darauf an, sie zu verändern."

Für Marx ist die Religion ein „ideologischer Überbau" über die als einzige Realität anzusprechende Basis der gesellschaftlich-wirtschaftlichen Faktoren. Näherhin ist die Religion der phantastische Ersatz für die nicht erfolgte Erfüllung des gesellschaftlichen Wesens des Menschen. Dieses ist dadurch nicht erfüllt, als der Mensch sich selbst entfremdet wurde; er wird sich selbst entfremdet, als er Knecht eines andern, nicht Herr seiner selbst ist. Herr seiner selbst wird der Mensch durch seine Arbeit, die er nicht im Dienst eines andern, sondern für sich selbst tut.

Religion ist das Selbstbewußtsein eines sich selbst entfremdeten, einem andern versklavten und von diesem beherrschten Menschen. Religion wächst auf dem Boden des Elendes, der Ausbeutung, der Leibeigenschaft des Feudalismus. Sie ist der Ausdruck des wirklichen Elends des Menschen und zugleich der Protest gegen sie. Aber dieser Protest gleicht dem des chinesischen Kuli, der nach der Opiumpfeife greift, um sich zu betäuben, um seine Lage zu vergessen, um sich eine bessere Welt zu suggerieren. Religion ist Opium des Volkes. Als solches macht sie unfähig, die wirklichen Zustände zu sehen, noch mehr unfähig, sie zu ändern.

„Die Religion ist der Seufzer der bedrängten Kreatur; das Gemüt einer herzlosen Welt, wie sie der Geist geistloser Zustände ist." – „Die Aufhebung der Religion als illusorischem Glück ist die Forderung des wirklichen Glücks. Die Forderung, die Illusion aufzugeben, heißt einen Zustand aufgeben, der der Illusion bedarf." – „Die Kritik der Religion ist die Kritik des Jammertals, dessen Heiligenschein die Religion ist. Die Kritik hat die imaginären Blumen an der Kette zerpflückt, nicht damit der Mensch die phantasielose, trostlose Kette trage, sondern damit er die Kette abwerfe und die lebendige Blume breche." – „Die Kritik der Religion endet mit der Lehre, daß der Mensch das höchste Wesen für den Menschen sei."

Wie scharf Karl Marx über die bisherige Stellung des Christentums und die von ihm ausgegangenen Wirkungen urteilt, zeigt folgende Stelle aus einem Aufsatz in der „Deutschen Brüsseler Zeitung" vom 12. 9. 1847:

„Die sozialen Prinzipien des Christentums haben jetzt achtzehnhundert Jahre Zeit gehabt, sich zu entwickeln, und bedürfen keiner ferneren Entwicklung durch preußische Konsistorialräte. – Die sozialen Prinzipien des Christentums haben die antike Sklaverei gerechtfertigt, die mittelalterliche Leibeigenschaft verherrlicht und verstehen sich ebenfalls im Notfall dazu, die Unterdrückung des Proletariats, wenn auch mit etwas jämmerlicher Miene, zu verteidigen. – Die sozialen Prinzipien des Christentums predigen die Notwendigkeit einer herrschenden und einer unterdrückten Klasse und haben für die letztere nur den frommen Wunsch, die erstere möge wohltätig sein. – Die sozialen Prinzipien des Christentums setzen die konsistorialrätliche Ausgleichung aller Infamien in den Himmel und rechtfertigen dadurch die Fortdauer dieser Infamien auf der Erde. – Die sozialen Prinzipien des Christentums erklären alle Niederträchtigkeiten der Unterdrücker gegen die Unterdrückten entweder für gerechte Strafe der Erbsünde oder sonstiger Sünden oder für Prüfungen, die der Herr über die Erlösten nach seiner unendlichen Weisheit verhängt. – Die sozialen Prinzipien des Christentums predigen die Feigheit, die Selbstverachtung, die Erniedrigung, die Unterwürfigkeit, die Demut, kurz alle Eigenschaften der Kanaille, und das Proletariat, das sich nicht als Kanaille behandeln lassen will, hat seinen Mut, sein Selbstgefühl, seinen Stolz und seinen Unabhängigkeitssinn noch viel nötiger als sein Brot. – Die sozialen Prinzipien des Christentums sind duckmäuserig, und das Proletariat ist revolutionär."

Aus dieser Auffassung ergibt sich als notwendige Forderung der These: „Gott ist tot."

Der Gottesglaube ist in seiner gesellschaftlichen Abhängigkeit und Bedingtheit als Ideologie entlarvt worden. Wenn der Mensch sein eigener Herr sein soll, dann ist jede Vorstellung von Gott untragbar, denn sie fördert die Selbstentfremdung, sie suggeriert einen Herrn über dem Menschen. Wenn auch in der klassenlosen Gesellschaft Religion und Gottesvorstellung aufhören – das ist nach Marx Religionsfreiheit – weil ihnen das Fundament und der Nährboden entzogen sind, so ist der Atheismus als ständiger Impuls und als Aufgabe notwendig. Denn er verhindert jene Träumereien, die der Verwirklichung des Sozialismus schaden.

Die Verneinung Gottes ist nach Marx nicht Selbstzweck, sondern eine „Kampflehre", sie ist gefordert, damit der Mensch Mensch sei, damit der Mensch dem Menschen das Höchste sein kann. Gott muß sterben, damit der Mensch lebe.

„Die Religion der Arbeiter ist eine Religion ohne Gott, weil sie die Göttlichkeit des Menschen wiederherzustellen versucht."

Im Rahmen unserer Überlegungen brauchen wir die Geschichte der von Feuerbach und Marx ausgehenden universalen und mächtigen Wirkungen – sie ist auch eine

Geschichte vieler Wandlungen – nicht zu beschreiben. Ihre Grundauffassung in der Frage der Religion war ein Modell für die Begründung der Aussage, daß und warum Gott tot ist. Gott, die Mitte aller Religionen, hat sich als unwirklich erwiesen und ist als Phantasieprodukt entlarvt worden, darüber hinaus als ein höchst verhängnisvolles Produkt. Denn es hat den Menschen daran gehindert, ohne Entzweiung und Selbstentfremdung Mensch zu sein, und es hat verhindert, daß die bewohnte Erde eine von allen bewohnbare Erde werde. Es ist hier auch nicht nötig, wie bei Jean Paul die Texte von Feuerbach und Marx zu interpretieren. Ihr Sinn ist klar und eindeutig. Die Antwort auf die darin liegende Aufforderung zum Abschied von Gott soll im Zusammenhang an späterer Stelle versucht werden.

Eine vorläufige Antwort ist inzwischen faktisch erfolgt durch die politischen Veränderungen im bisher marxistisch beherrschten Ostblock.

Wir haben ihn getötet

Friedrich Nietzsche

An dritter Stelle soll ein Text folgen, der unter den Texten, die vom Tod Gottes reden, wohl der bekannteste ist. Er stammt von *Friedrich Nietzsche* (1844–1900) und vereinigt eine faszinierende Sprachgewalt mit der Radikalität des Gedankens.

In dem Buch „Die Fröhliche Wissenschaft" ist der Abschnitt 125 überschrieben mit: „Der tolle Mensch." Von ihm sagt Nietzsche:

„Habt ihr nicht von jenem tollen Menschen gehört, der am hellen Vormittag eine Laterne anzündete, auf den Markt lief und unaufhörlich schrie:

‚Ich suche Gott! Ich suche Gott!' – Da dort gerade viele

von denen zusammenstanden, welche nicht an Gott glaubten, so erregte er ein großes Gelächter. ‚Ist er denn verlorengegangen?' sagte der eine. ‚Hat er sich verlaufen wie ein Kind?' sagte der andere. ‚Oder hält er sich versteckt? Fürchtet er sich vor uns? Ist er zu Schiff gegangen? Ausgewandert?' – so schrien und lachten sie durcheinander. Der tolle Mensch sprang mitten unter sie und durchbohrte sie mit seinen Blicken. ‚Wohin ist Gott?' rief er. ‚Ich will es euch sagen! Wir haben ihn getötet – ihr und ich! Wir alle sind seine Mörder! Aber wie haben wir dies gemacht? Wie vermochten wir das Meer auszutrinken? Wer gab uns den Schwamm, um den ganzen Horizont wegzuwischen? Was taten wir, als wir diese Erde von ihrer Sonne losketteten? Wohin bewegt sie sich nun? Wohin bewegen wir uns? Fort von allen Sonnen? Stürzen wir nicht fortwährend? Und rückwärts, seitwärts, vorwärts, nach allen Seiten? Gibt es noch ein Oben und ein Unten? Irren wir nicht wie durch ein unendliches Nichts? Haucht uns nicht der leere Raum an? Ist es nicht kälter geworden? Kommt nicht immerfort die Nacht und mehr Nacht? Müssen nicht Laternen am Vormittage angezündet werden? Hören wir noch nichts von dem Lärm der Totengräber, welche Gott begraben? Riechen wir noch nichts von der göttlichen Verwesung? – Auch Götter verwesen! Gott ist tot! Gott bleibt tot! Und wir haben ihn getötet! Wie trösten wir uns, die Mörder aller Mörder? Das Heiligste und Mächtigste, was die Welt bisher besaß, es ist unter unsern Messern verblutet – wer wischt dies Blut von uns ab? Mit welchem Wasser könnten wir uns reinigen? Welche Sühnefeiern, welche heiligen Spiele werden wir erfinden müssen? Ist nicht die Größe dieser Tat zu groß für uns? Müssen wir nicht selber zu Göttern werden, um nur ihrer würdig zu erscheinen? Es gab nie eine größere Tat – und wer nur immer nach uns geboren wird, gehört um dieser Tat willen in eine höhere Geschichte, als alle Geschichte bisher war!' – Hier schwieg der tolle Mensch und sah wieder seine Zuhörer an: auch sie schwiegen und blickten befremdet auf ihn. Endlich warf er seine Laterne auf den Boden, daß sie in Stücke sprang und erlosch. ,Ich komme zu früh', sagte er dann, ,ich bin noch nicht an der Zeit. Dies ungeheure Ereignis ist noch unterwegs und wandert – es ist noch nicht bis zu den Ohren der Menschen gedrungen. Blitz und Donner brauchen Zeit, das Licht der Gestirne braucht Zeit, Taten brauchen Zeit, auch nachdem sie getan sind, um gesehn und gehört zu werden. Diese Tat ist ihnen immer noch ferner als die fernsten Gestirne – und doch haben sie dieselbe getan!' – Man erzählt noch, daß der tolle Mensch desselbigen Tages in verschiedene Kirchen eingedrungen sei und darin sein Requiem aeternam deo angestimmt habe."

Für die *Erklärung* dieses – viel besprochenen – Textes könnte man vielleicht darauf verweisen, daß hier nicht Nietzsche selbst spricht, sondern daß er den „tollen Menschen" reden läßt. Aber es ist kein Zweifel, daß er in der Gestalt dieser Figur sich selbst meint. Allerdings werden sein Wort und seine Tat von den Gläubigen wie vom Pöbel als das Werk eines „tollen Menschen" angesehen.

Mit dem Ausruf: „Gott ist tot. Wir haben ihn getötet!" trifft Nietzsche zunächst eine Feststellung im Blick auf die tatsächliche geistige Situation. Er findet die Situation des Todes Gottes vor. Zugleich übernimmt Nietzsche für sich selbst dieses Ereignis; er macht es sich zu eigen als seine größte Tat, und er rühmt sich ihrer.

Dabei sind noch zwei Bemerkungen zu machen:

Nietzsche beschreibt in ähnlichen Worten und Bildern wie *Jean Paul* die unheimlichen, kaum zu fassenden Folgen dieses Todes Gottes – man muß sie noch einmal hören: „Was taten wir, als wir die Erde von ihrer Sonne losketteten? Wohin bewegt sie sich nun? Wohin bewegen wir uns? Fort von allen Sonnen? Stürzen wir nicht fortwährend? Gibt es noch ein Oben und Unten? Irren wir nicht durch ein unendliches Nichts? Haucht uns nicht der leere Raum an? Ist es nicht kälter geworden? Kommt nicht immerfort die Nacht und mehr Nacht? Wie trösten wir uns, die größten aller Mörder? Das Heiligste und Mächtigste, was die Welt bisher besaß, ist unter unsern Messern verblutet – wer wischt dies Blut von uns ab?"

Diese Worte klingen nicht wie ein Freudenlied oder wie ein Triumphgesang: Sie offenbaren vielmehr Schrecken und Entsetzen über diese größte Tat.

Auch die andere Feststellung ist noch zu treffen: Nietzsche meint, er komme mit seiner Botschaft, mit diesem Ereignis, mit dieser seiner Tat noch zu früh: „Das ungeheure Ereignis ist noch unterwegs und wandert."

Es ist kein Zweifel, so werden wir heute rückschauend sagen müssen, daß Nietzsche in Diagnose und Prophetie recht behalten hat. Vieles, was er noch „unterwegs" sah, ist inzwischen weitergewandert und hat erreicht, wovon er sprach.

Im gleichen Buch gibt Nietzsche folgende Schilderung unter dem Titel „Was es mit unserer Heiterkeit auf sich hat": „Das größte neuere Ereignis – daß ‚Gott tot ist', daß der Glaube an den christlichen Gott unglaubwürdig geworden ist – beginnt bereits seine ersten Schatten über Europa zu werfen. Für die wenigen wenigstens, deren Augen, deren Argwohn in den Augen stark und fein genug für dies Schauspiel ist, scheint eben irgendeine Sonne untergegangen, irgendein altes tiefes Vertrauen in Zweifel umgedreht: ihnen muß unsre alte Welt täglich abendlicher, mißtrauischer, fremder, ‚älter' scheinen.

In der Hauptsache aber darf man sagen: das Ereignis selbst ist viel zu groß, zu fern, zu abseits vom Fassungsvermögen vieler, als daß auch nur sein Kunde schon angelangt heißen dürfte; geschweige denn, daß viele bereits wüßten, was eigentlich sich damit begeben hat – und was alles, nachdem dieser Glaube untergraben ist, nunmehr einfallen muß, weil es auf ihm gebaut, an ihn gelehnt, in ihn hineingewachsen war: zum Beispiel unsre ganze europäische Moral.

Diese lange Fülle und Folge von Abbruch, Zerstörung, Untergang, Umsturz, die nun bevorsteht: wer erriete heute schon genug davon, um den Lehrer und Vorausverkünder dieser ungeheuren Logik von Schrecken abgeben zu müssen, den Propheten einer Verdüsterung und Sonnenfinsternis, derentgleichen es wahrscheinlich noch nicht auf Erden gegeben hat? ... Selbst wir geborenen Rätselrater, die wir gleichsam auf den Bergen warten, zwischen Heute und Morgen hingestellt und in den Widerspruch zwischen Heute und Morgen hineingespannt, wir Erstlinge und Frühgeburten des kommenden Jahrhunderts, denen eigentlich die Schatten, welche Europa alsbald einwickeln müssen, jetzt schon zu Gesicht gekommen sein sollten: woran liegt es doch, daß selbst wir ohne rechte Teilnahme für diese Verdüsterung, vor allem ohne Sorge und Furcht für uns ihrem Heraufkommen entgegensehn? Stehen wir vielleicht zu sehr noch unter den nächsten Folgen dieses Ereignisses – und diese nächsten Folgen, seine Folgen für uns, sind, umgekehrt als man vielleicht erwarten könnte, durchaus nicht traurig und verdüsternd, vielmehr wie eine neue, schwer zu beschreibende Art von Licht, Glück, Erleichterung, Erheiterung, Ermutigung, Morgenröte ... In der Tat, wir Philosophen und ‚freien Geister' fühlen uns bei der Nachtricht, daß der ‚alte Gott tot' ist, wie von einer neuen Morgenröte angestrahlt; unser Herz strömt dabei über von Dankbarkeit, Erstaunen, Ahnung, Erwartung – endlich erscheint uns der Horizont wieder frei, gesetzt selbst, daß er nicht hell ist, endlich dürfen unsre Schiffe wieder auslaufen, auf jede Gefahr hin auslaufen, jedes Wagnis des Erkennenden ist wieder erlaubt, das Meer, unser Meer liegt wieder offen da, vielleicht gab es noch niemals ein so ‚offenes Meer'."

Die gleichen Gedanken kehren wieder in Nietzsches bekanntestem Buch: „Also sprach Zarathustra“ – es ist ein Jahr nach dem Werk „Fröhliche Wissenschaft“, 1883, erschienen. Im „vierten und letzten Teil“ wird geschildert, wie Zarathustra einen alten Mann trifft. Dieser sucht den „letzten frommen Menschen, den Heiligen und Einsiedler, der allein in seinem Wald noch nichts davon gehört hatte, was alle Welt heute weiß“:

„‚Was weiß heute alle Welt?‘ fragte Zarathustra. ‚Etwa dies, daß der alte Gott nicht mehr lebt, an den alle Welt einst geglaubt hat?‘

‚Du sagst es‘, antwortete der alte Mann betrübt. ‚Und ich diente diesem alten Gotte bis zu seiner letzten Stunde.

Nun aber bin ich außer Dienst, ohne Herrn, und doch nicht frei, auch keine Stunde mehr lustig, es sei denn in Erinnerungen.

Dazu stieg ich in diese Berge, daß ich endlich wieder ein Fest mir machte, wie es einem alten Papste und Kirchen-Vater zukommt: denn wisse, ich bin der letzte Papst! –, ein Fest frommer Erinnerungen und Gottesdienste.

Nun aber ist er selber tot, der frömmste Mensch, jener Heilige im Walde, der seinen Gott beständig mit Singen und Brummen lobte …

Kam ich also umsonst in diese Wälder und Berge? Da entschloß sich mein Herz, daß ich einen anderen suchte, den Frömmsten aller derer, die nicht an Gott glauben – daß ich Zarathustra suchte!‘

‚Ich bin’s, der gottlose Zarathustra, der da spricht: Wer ist gottloser als ich, daß ich mich seiner Unterweisung freue?‘

Also sprach Zarathustra und durchbohrte mit seinen Blicken die Gedanken und Hintergedanken des alten Papstes. Endlich begann dieser:

‚Wer ihn am meisten liebte und besaß, der hat ihn nun am meisten auch verloren –:

– siehe, ich selbst bin wohl von uns beiden jetzt der Gottlosere? Aber wer könnte daran sich freuen?‘

‚Du dientest ihm bis zuletzt‘, fragte Zarathustra nachdenklich, nach einem tiefen Schweigen, ‚du weißt, wie er starb? Ist es wahr, was man spricht, daß ihn das Mitleiden erwürgte,

– daß er es sah, wie der Mensch am Kreuze hing, und es nicht ertrug, daß die Liebe zum Menschen seine Hölle und zuletzt sein Tod wurde?‘ –

Der alte Papst aber antwortete nicht, sondern blickte scheu und mit einem schmerzlichen und düsteren Ausdruck zur Seite.

‚Laß ihn fahren‘, sagte Zarathustra nach einem langen Nachdenken, indem er immer noch dem alten Manne gerade ins Auge blickte.

‚Laßt ihn fahren, er ist dahin. Und ob es dich auch ehrt, daß du diesem Toten nur Gutes nachredest, so weißt du so gut als ich, wer er war; und daß er wunderliche Wege ging.‘

‚Unter drei Augen gesprochen‘, sagte erheitert der alte Papst (denn er war auf einem Auge blind), ‚in Dingen Gottes bin ich aufgeklärter als Zarathustra selber – und darf es sein.

Meine Liebe diente ihm lange Jahre … Ein guter Diener aber weiß alles, und mancherlei auch, was sein Herr sich selbst verbirgt. Er war ein verborgener Gott, voller Heimlichkeit. Wahrlich zu einem Sohne sogar kam er nicht anders als auf Schleichwegen. An der Tür seines Glaubens steht der Ehebruch.

Wer ihn als einen Gott der Liebe preist, denkt nicht hoch genug von der Liebe selber. Wollte dieser Gott nicht auch Richter sein? Aber der Liebende liebt jenseits von Lohn und Vergeltung.

Als er jung war, dieser Gott aus dem Morgenlande, da war er hart und rachsüchtig und erbaute sich eine Hölle zum Ergötzen seiner Lieblinge.

Endlich aber wurde er alt und weich und mürbe und

mitleidig, einem Großvater ähnlicher als einem Vater, am ähnlichsten aber einer wackeligen alten Großmutter.

Da saß er, welk, in seinem Ofenwinkel, härmte sich ob seiner schwachen Beine, weltmüde, willensmüde, und erstickte eines Tages an seinem allzugroßen Mitleiden.' –

‚Du alter Papst', sagte hier Zarathustra dazwischen, ‚hast du das mit Augen angesehn? Es könnte wohl so abgegangen sein: so, und auch anders. Wenn Götter sterben, sterben sie immer viele Arten Todes.

Aber wohlan! So oder so, so und so – er ist dahin! Er ging meinen Ohren und Augen wider den Geschmack, Schlimmeres möchte ich ihm nicht nachsagen.

Ich liebe alles, was hell blickt und redlich redet. Aber er – du weißt es ja, du alter Priester, es war etwas von deiner Art an ihm, von Priester-Art – er war vieldeutig.

Er war auch undeutlich. Was hat er uns darob gezürnt, dieser Zornschnauber, daß wir ihn schlecht verstünden! Aber warum sprach er nicht reinlicher?

Und lag es an unsern Ohren, warum gab er uns Ohren, die ihn schlecht hörten? War Schlamm in unsern Ohren, wohlan! wer legte ihn hinein?

Zu vieles mißriet ihm, diesem Töpfer, der nicht ausgelernt hatte! Daß er aber Rache an seinen Töpfen und Geschöpfen nahm, dafür daß sie ihm schlecht gerieten – das war eine Sünde wider den guten Geschmack.

Es gibt auch in der Frömmigkeit guten Geschmack: der sprach endlich: Fort mit einem solchen Gotte! Lieber keinen Gott, lieber auf eigene Faust Schicksal machen, lieber Narr sein, lieber selber Gott sein!'

‚Was höre ich!' sprach hier der alte Papst mit gespitzten Ohren. ‚O Zarathustra, du bist frömmer als du glaubst, mit einem solchen Unglauben! Irgendein Gott in dir bekehrte dich zu deiner Gottlosigkeit.

Ist es nicht deine Frömmigkeit selber, die dich nicht mehr an einen Gott glauben läßt? Und deine übergroße Redlichkeit wird dich auch noch jeneits von Gut und Böse wegführen!

Siehe doch, was blieb dir aufgespart? Du hast Augen und Hand und Mund, die sind zum Segnen vorherbestimmt seit Ewigkeit. Man segnet nicht mit der Hand allein.

In deiner Nähe, ob du schon der Gottloseste sein willst, wittere ich einen heimlichen Weih- und Wohlgeruch von langen Segnungen: mir wird wohl und wehe dabei.

Laß mich dein Gast sein, o Zarathustra, für eine einzige Nacht! Nirgends auf Erden wird es mir jetzt wohler als bei dir!' –

‚Amen! So soll es sein!' sprach Zarathustra mit großer Verwunderung. ‚Dort hinauf führt der Weg, da liegt die Höhle Zarathustras.

Gerne, fürwahr, würde ich dich selber dahin geleiten, du Ehrwürdiger, denn ich liebe alle frommen Menschen. Aber jetzt ruft mich eilig ein Notschrei weg von dir.

In meinem Bereiche soll mir niemand zu Schaden kommen; meine Höhle ist ein guter Hafen. Und am liebsten möchte ich jedweden Traurigen wieder auf festes Land und feste Beine stellen.

Wer aber nähme dir deine Schwermut von der Schulter? Dazu bin ich zu schwach. Lange, wahrlich, möchten wir warten, bis dir einer deinen Gott wieder aufweckt.

Dieser alte Gott nämlich lebt nicht mehr: der ist gründlich tot.' – Also sprach Zarathustra."

Auf die Redensart des „Pöbels", „es gibt keine höheren Menschen, wir sind alle gleich, Mensch ist Mensch, vor Gott – sind wir alle gleich", gibt Zarathustra in seinen Erwägungen „von höheren Menschen" zu bedenken: „Vor Gott – nun aber starb dieser Gott. Vor dem Pöbel aber wollen wir nicht gleich sein. Vor Gott! – Nun aber starb dieser Gott! Ihr höheren Menschen, dieser Gott war eure größte Gefahr.

Seit er im Grabe liegt, seid ihr erst wieder auferstanden. Nun erst kommt der große Mittag, nun erst wird der höhere Mensch – Herr!

Verstandet ihr dies Wort, o meine Brüder? Ihr seid erschreckt. Wird euren Herzen schwindlig? Klafft euch hier der Abgrund? Kläfft euch hier der Höllenhund?

Wohlan! Ihr höheren Menschen! Nun erst kreißt der Berg der Menschen-Zukunft. Gott starb: nun wollen wir – daß der Übermensch lebe."

Übermensch und Nihilismus

Diese letzten Worte sind der Schlüssel zu Nietzsches Aussagen über den Tod Gottes:

Gott starb, Gott stirbt, Gott muß sterben, er muß getötet werden, weil er die größte Gefahr des Menschen, des höheren Menschen ist. Gott muß sterben, damit der Mensch, der höhere Mensch, der Übermensch lebe. Diesem höheren Menschen gilt Nietzsches Bemühen.

„Der Übermensch liegt mir am Herzen, der ist mein erstes und einziges – und nicht der Mensch: nicht der Nächste, nicht der Ärmste, nicht der Leidendste, nicht der Beste.

O meine Brüder, was ich lieben kann am Menschen, das ist, daß er ein Übergang ist und ein Untergang. Und an euch ist vieles, das mich lieben und hoffen macht."

Um dieses „höheren Menschen willen" muß nach Nietzsche der Tod Gottes verkündet und vollendet werden. Der höhere Mensch, sein Wille zur Macht, zur Selbstherrlichkeit gibt den Grund dafür an, daß Gott sterben muß, vor allem der Gott des Christentums, der die Armut seligpreist, der zur Kreuzesnachfolge aufruft, der ganz andere Werte setzt, als es den Wertetafeln des Übermenschen gemäß ist, weshalb der Übermensch den Nihilismus proklamiert und diesen versteht als den Umsturz, ja die Beseitigung der bisherigen Werte.

Was bedeutet Nihilismus?

„Daß die obersten Werte sich entwerten. Es fehlt das Ziel, es fehlt die Antwort auf das Warum."

Und der an die Stelle der bisherigen Zielsetzungen die ewige Wiederkehr setzt:

„Das Dasein, so wie es ist, ohne Sinn und Ziel, aber unvermeidbar wiederkehrend, ohne ein Finale ins Nichts: Die ewige Wiederkehr. Das ist die extreme Form des Nihilismus: das Nichts, das Sinnlose ewig."

Aus dem Gesagten wird auch deutlich, daß die Vorstellung von Gott aus einer bestimmten, feigen, lebensuntüchtigen Auffassung stammt:

„Dein feiger Teufel in dir, der gerne Hände falten und die Hände in den Schoß legen möchte, dieser feige Teufel redet dir zu: es gibt einen Gott."

Nietzsches Worte verraten an manchen Stellen, daß seine Proklamation vom Tod Gottes – bei aller Radikalität und scheinbaren Kompromißlosigkeit – auf bestimmte Gottesvorstellungen und damit verbundene Wertauffassungen trifft und daß er diese ablehnt. Sie führen zu dem erstaunlichen Satz des alten Papstes an Zarathustra: „Irgendein Gott in dir bekehrte dich zu deiner Gottlosigkeit."

Daraus ergibt sich: Nietzsches Wort „Gott ist tot", und seine Tat, die sich des Todes Gottes rühmt, sind nicht so eindeutig, wie es zunächst scheint, sie bedürfen eingehender und differenzierter Untersuchungen, die zum tieferen Verstehen unerläßlich sind. Wer sich auf Nietzsche beruft, muß sich ständig zurückfragen lassen. Dem entspricht die These Nietzsches, daß die von ihm ins Werk gesetzte „Selbstzersetzung Gottes" nur seine „Häutung" sei und daß der totgesagte Gott wiederkommen werde, jedoch „jenseits von Gut und Böse".

Bernhard Welte und Eugen Biser haben zu diesem Thema wichtige Beiträge geliefert.

Indes: Wie immer es mit der Auslegung dieses Nietzsche-Wortes bestellt sein mag – es hat nicht differenziert, sondern programmatisch und gleichsam plakathaft gewirkt. Sein zunächst offen dargebotener Sinn: „Gott muß sterben. Wir haben ihn getötet, damit der erste Mensch lebe", ist als Ausdruck und Wille einer ganzen Generation geblieben, und er wiederholt sich in immer neuen Varianten und Variationen. Der verführerische Glanz der Gedanken, die Faszination der Worte und Bilder wirken bis zur Stunde. Der Mensch will in einem uneingeschränkten Sinn sein und leben; die Tiefen und Unendlichkeiten, die man – bildlich gesprochen – an den Himmel geworfen und in die Gottesvorstellung projiziert hat, übernimmt der Mensch, weil ihm gehörig, in eigene Regie. Weil der Mensch Gott sein will, will er, daß kein Gott sei. Aus diesem Grund wird Gott aus Gründen des Instinkts und des Geschmacks abgelehnt.

Die These Nietzsches: „Gott ist tot", sein Atheismus ist ein Instrument und ein Mittel im Dienst des Menschen, der sich selbst hervorbringt, der allerdings in Nietzsches Forderung nach dem Übermenschen bereits den Menschen überschreitet.

Protest und Verweigerung

Fjodor M. Dostojewski

Die Rede vom Tod Gottes und vom toten Gott nimmt bei dem russischen Dichter *Fjodor M. Dostojewski* (1821–1881) einen breiten Raum ein. In dem gewaltigen Werk seiner Romane begegnen Menschen, die von der Frage nach Gott und von der „Sache mit Gott" zutiefst bewegt und angerührt sind. Das gilt im Sinn des Gottesglaubens, der Liebe und Hingabe; es gilt auch im Sinn der Leugnung, die mit höchstem Affekt und größter Leidenschaft, mit Aggression, Protest und Empörung vorgetragen wird.

Der von Nietzsche ausgesprochene Gedanke: Gott muß sterben, damit der Mensch (der Übermensch) lebe, kehrt auch in Dostojewskis Werken wieder, allerdings in einer typisch russischen Weise: Der von Gott befreite Mensch verfügt über Leben und Sterben. In dem Roman „Die Dämonen“ spricht es Kirilloff – er ist die Entsprechung zu Nietzsches Zarathustra – in folgender Szene aus:

„‚Ein jeder, der die Freiheit will, muß sich selbst zu töten wagen. Wer sich selbst zu töten wagt, der hat das Geheimnis des Betruges erkannt. Weiter gibt es keine Freiheit. Hier ist alles, und weiter ist nichts. Wer sich selbst zu töten wagt, der ist Gott.

Jetzt kann es jeder machen, daß Gott aufhört zu sein und daß nichts mehr ist. Aber noch hat es niemand einmal getan!‘

‚Selbstmörder hat es zu Millionen gegeben.‘

‚Aber alle nicht deswegen. Alle haben sich mit Angst und nicht deswegen getötet. Nur wer sich tötet, um die Angst totzuschlagen, der wird sofort Gott sein.‘

‚Dazu wird er vielleicht keine Zeit mehr haben,‘ bemerkte ich.

‚Das ist einerlei‘, sagte er leise, mit ruhigem Stolz und fast ein wenig mit Verachtung.“

Und in dem großen Gespräch mit Werchowenski:

„‚Wenn es Gott nicht gibt, so bin ich Gott‘ ..., Wenn es Gott gibt, so ist aller Wille sein, und aus seinem Willen kann ich nicht. Wenn nicht, so ist aller Wille mein, und ich bin verpflichtet, Eigenwillen zu bezeugen.‘

‚Eigenwillen? Und warum verpflichtet?‘

‚Darum, weil aller Wille mein geworden ist. Wird denn wirklich kein einziger auf dem ganzen Planeten, nachdem er mit Gott ein Ende gemacht hat und nur an seinen Eigenwillen glaubt, es wagen, Eigenwillen zu beweisen, Eigenwillen gerade im Hauptpunkte? ... Ich bin verpflichtet, mich zu erschießen, weil der vollste, höchste Punkt meines Eigenwillens ist – mich selbst zu töten.‘“

Dieser Gedanke wird verschärft vor allem angesichts der Tatsache, daß Gott als Qual empfunden wird. Kirilloff gesteht: „Ich kann nicht an anderes, ich denke mein ganzes Leben lang nur an eines: Mich hat Gott ein Leben lang gequält."

Dem will Kirilloff ein Ende dadurch machen, daß er die Eigenschaft Gottes schlechthin, die Souveränität seines Willens an sich nimmt, und zwar in der Weise, welche die furchtbarste ist: indem er sich tötet. Daraus erwächst die Vorstellung und Schöpfung eines neuen Menschen ohne und gegen Gott. In den Worten von Kirilloff:

„Es wird einen neuen Menschen geben, einen glücklichen und stolzen. Wem es ganz einerlei sein wird, ob leben oder nicht leben, der wird der neue Mensch sein. Wer Schmerz und Angst besiegen wird, der wird selbst Gott sein. Aber den Gott wird es nicht mehr geben."

„Also gibt es Ihrer Meinung nach doch noch den Gott?" –

„Es gibt ihn nicht, aber er ist da. Im Stein ist kein Schmerz, aber in der Angst durch den Stein ist Schmerz. Gott ist der Schmerz der Angst vor dem Tode. Wer Schmerz und Angst besiegt, der wird selbst Gott werden. Dann wird ein neues Leben sein, ein neuer Mensch, alles neu ... Dann wird man die Weltgeschichte in zwei Teile teilen: vom Gorilla bis zur Vernichtung Gottes, und von der Vernichtung Gottes bis ..." –

Bis zum Gorilla –?"

„... bis zur physischen Veränderung der Erde und des Menschen. Der Mensch wird Gott sein und wird sich physisch verändern. Und das ganze Weltall wird sich verändern, und alle Dinge werden sich verändern, und alle Gedanken und alle Gefühle."

Gott – das ist der Sinn dieser Worte – entsteht aus der Angst. Gott selbst ist nichts; er ist der in der Angst erfahrene Schmerz, ein aus gegenstandsloser Qual bestehendes Gespenst. Gott wird vom Menschen gewollt, auf daß er ihn – den Menschen – quäle.

Diese Erfahrung wird von Kirilloff durch die Erinnerung an Christus bestätigt:

„Es war auf der Erde ein Tag, und in der Mitte der Erde standen drei Kreuze. Einer am Kreuze glaubte so, daß er dem anderen sagte: ‚Wahrlich, ich sage dir, heute noch wirst du mit mir im Paradiese sein.‘ Der Tag verging, beide starben, gingen hin und fanden weder Paradies noch Auferstehung. Die Worte bewahrheiteten sich nicht. Höre: Dieser Mensch war der Höchste auf der ganzen Welt, war das, wozu sie lebt. Der ganze Planet mit allem, was auf ihm ist, ist ohne diesen Menschen – nur ein Wahnsinn ... Wenn die Gesetze der Natur auch Diesen nicht verschont haben, sogar ihr eigenes Wunder nicht verschont haben, und auch Ihn zwangen, mitten in Lügen zu leben und für Lügen zu sterben, so ist folglich der ganze Planet Lüge und beruht nur auf Lüge und dummem Spott. Folglich sind die Gesetze selbst des Planeten – Lüge und des Teufels Bühnenstück. Wozu dann leben, antworte, wenn du ein Mensch bist?“

Im Tod Christi wird die Sinnlosigkeit der Welt offenkundig und geradezu handgreiflich. In der Welt, in der Gott zum Erlöschen gebracht ist, wird etwas Neues sein, das frei von Angst ganz in die Hand des Menschen gelegt ist, der Macht über alles hat; er hat dann Macht über alles, wenn er über Leben und Tod verfügt.

Dostojewski sieht, wie die Geschichte sich gestalten wird. Er sieht sie durch die Begegnung charakterisiert, die er im „Tagebuch eines Schriftstellers“ beschreibt: „Es kommt zu einem Zusammenprall der beiden entgegengesetzten Ideen der Welt: der Gottmensch stößt auf den Menschengott.“

Alle diese Aussagen sind noch weniger als bei Nietzsche Gesänge vom Triumph des Menschen – sie sind vielmehr Worte, die angesichts dieser Möglichkeiten von Schrekken, Angst und Sorge erfüllt sind. Dafür stehe folgender Beleg aus „Die Brüder Karamasoff“:

„Was aber dann, wenn er (Gott) nicht ist? Was dann, wenn Rakitin recht hat, daß das nur eine künstliche Idee in der Menschheit ist. Dann, dann ist der Mensch der Herr der Erde. Großartig! – Doch ... wen wird er dann noch lieben? Wem wird er dann noch dankbar sein, wem wird er dann noch eine Hymne singen?“

Das von Iwan Karamasoff ausgesprochene Wort: „Wenn Gott nicht ist, ist alles erlaubt“, vermag Dostojewski keineswegs mit Jubel zu erfüllen, wie es bei Sartre der Fall ist, der dieses Wort oft zitiert – es ist ja auch das Wort von Iwan Karamasoff, der dann sagt, es gäbe dann nichts Unsittliches mehr –, es erfüllt ihn vielmehr mit Furcht, wenn er bedenkt, was dann durch den Menschen und mit ihm geschieht. Die Variante des Wortes macht es deutlich: „Wenn Gott nicht ist, ist alles einerlei.“ Damit wird die Freiheit in Unfreiheit umschlagen. Vor die Wahl zwischen Glück und Freiheit gestellt, werden die Menschen das Glück wählen, wie es in der Legende vom Großinquisitor geschildert wird. Dieser sagt zu Christus:

„Hattest Du vergessen, daß Ruhe und selbst der Tod dem Menschen lieber sind als die freie Wahl in der Erkenntnis von Gut und Böse? Du hast die Menschen gar zu hoch eingeschätzt, denn Sklaven sind sie, wenn sie auch als Empörer geschaffen sind. Lieber mache uns zu Knechten, aber mache uns satt. Nichts als Unruhe, Verwirrung und Unglück ist den Menschen zuteil geworden, nachdem Du soviel für ihre Freiheit gelitten hast ... Wir haben Deine Tat verbessert. Die Menschen freuten sich, daß sie wieder wie eine Herde geführt wurden ..., wir erklärten, daß nur wir allein die Herren dieser Welt seien.“

Aus alledem wird auch deutlich, daß sich Dostojewski keineswegs wie Nietzsche mit dem Gedanken: „Gott ist tot“ identifiziert und ihn zu seiner Sache, zu seiner Botschaft macht, sondern sich davon ausdrücklich distanziert. Er macht sich zum leidenschaftlichen Anwalt des

Glaubens an Gott, und seine Visionen des Künftigen: die Konsequenzen einer Welt und eines „Humanismus ohne Gott“ bestärken ihn darin.

Auf die Kritik, die sein Roman „Die Brüder Karamasoff“ erfahren hatte, schreibt er:

„Die Schurken foppen mich mit meinem angeblich rückständigen Glauben an Gott. Diese Tölpel haben sich eine solche Gottesleugnung noch nicht einmal träumen lassen, wie sie in meinem Großinquisitor ausgedrückt ist und auf die das ganze Buch Antwort gibt. Auch in Europa gibt es keine solche Gewalt atheistischen Ausdrucks und hat es nie gegeben. Folglich glaube ich nicht wie ein Kind, sondern mein Hosianna ist durch das große Fegfeuer des Teufels hindurchgegangen, wie in meinem letzten Roman der Teufel von sich sagt.“

Die Qual

Eine besondere Thematik nimmt in Dostojewskis Werk die Frage ein, wie sich die Realität Gottes, seiner Allmacht und Liebe, die Aussage von der „guten Schöpfung“ mit der Realität des Leidens vereinbare. Von Leid und Tränen ist Rußlands Geschichte und Gegenwart übervoll. Dies zeigt sich im Geschick des Volkes, der Stillen, der Frommen, der Leidenden, der Armen, der Kleinen, der Unbekannten. Es ist sehr bedeutsam, daß sich in Dostojewskis größtem Werk Iwan der Empörer zum bewegenden Anwalt dieser Fragen macht.

Es sind in erster Linie die namenlosen Leiden der unschuldigen Kinder, die er zur Begründung seines leidenschaftlichen Aufstandes gegen Gott anführt. Unvergeßliche Bilder entrollt der sich auflehnende Iwan gegenüber Aljoscha: das Bild von dem bis auf die Haut entkleideten, vor Angst beinahe bewußtlos gewordenen Knaben, der auf Befehl eines Generals durch eine Hundeschar zu Tode gehetzt wurde, das Bild vom fünfjährigen Mädchen, das von der eigenen Mutter mit Kot beschmiert und des Nachts eingesperrt wurde, wo es in Dunkelheit und Kälte mit seinen kleinen Fäustchen an seine schluchzende, magere Kinderbrust schlägt und in der kindlichen Verzweiflung zum „lieben Gottchen“ betet, die Szene, wie die Türken das Kind auf dem Arm der Mutter erst streicheln, bis es lächelt, und ihm in diesem Augenblick das Köpfchen zerschießen.

Alle diese schrecklichen Begebenheiten stoßen Iwan auf die Frage, wozu diese Sinnlosigkeit geschaffen sei.

„Ich begreife nichts“, gesteht er in maßloser Empörung, und „ich will jetzt auch nicht begreifen“; denn auf Unsinn beruht die Welt, und ohne diesen Unsinn würde überhaupt nichts geschehen. Es ist das unübersehbare Maß von Tränen der Menschen, mit denen die Erde von ihrer Kruste bis zum Mittelpunkt der Achse durchtränkt ist, die Iwan jede höhere Harmonie von vorneherein ablehnen läßt. Aus diesem Grund erklärt er: „Nicht Gott akzeptiere ich nicht – verstehe mich recht, sondern die von ihm geschaffene Welt akzeptiere ich nicht und kann ich nicht akzeptieren“ – und: „Nicht Gott ist es, den ich ablehne, ich schicke ihm nur die Eintrittskarte zurück.“ Dies alles wird von Iwan ausgesagt, um Gott zu beschämen, um ihn der Ohnmacht und der Schwäche zu überführen oder um zu erklären, Gott selbst wolle und wirke Leid und Ungerechtigkeit. Durch einen solchen Angriff soll der Glaube an Gott erledigt, der Tod Gottes begründet werden. Andererseits bezeugt gerade Dostojeweski für sich selbst und in den eindrucksvollsten seiner Gestalten, mit denen er sich selbst weitgehend identifiziert, daß Gott mitten im Leid anwesend und gegenwärtig ist.

In einem Gespräch, das Raskolnikoff, die Hauptfigur im gleichnamigen Roman, mit Sonja führt, heißt es:

„‚Also du betest sehr oft zu Gott, Sonja?‘

Sonja schwieg, er stand neben ihr und wartete auf die Antwort. ‚Was wäre ich denn ohne Gott?‘ flüsterte sie schnell und energisch, indem sie ihn mit flüchtig funkelnden Augen anblickte und seine Hand stark drückte ... ‚Und was tut Gott dir dafür?' fragte er sie weiter ausforschend.

Sonja schwieg lange, als könnte sie nicht antworten. Ihre schwache Brust hob und senkte sich in heftiger Aufregung.

‚Schweigen Sie! Fragen Sie nicht! Sie sind es nicht wert ...', rief sie plötzlich und sah ihn streng und zornig an ...

‚Alles tut er!' flüsterte sie schnell und schlug wieder die Augen nieder ...

Mit einem neuen, eigentümlichen, fast krankhaften Gefühl schaute er in dieses bleiche, magere und unregelmäßige, eckige Gesichtchen, diese sanften blauen Augen, die mit solch einem Feuer, mit so einem strengen, energischen Blick leuchten konnten, diesen kleinen Körper, der vor Empörung und Zorn noch bebte, und dies alles erschien ihm noch merkwürdiger und unfaßlicher."

Ein noch bewegenderes Wort spricht Mitja aus, der zur Zwangsarbeit in den Gruben Sibiriens verurteilt werden soll:

„Wenn man Gott von der Erde vertreibt, so werden wir ihn dort unter der Erde willkommen heißen! Und dann werden wir unterirdischen Sträflinge dort in den Schächten Sibiriens aus den Eingeweiden der Erde eine tragische Hymne unserm Gott singen, unter der Erde hervor, unserem Gott, der die Freude ist."

Wir sagten schon, daß die Erfahrung des Leides, vor allem dann, wenn es keinen Sinn mehr offenbart, sondern wenn es grauenhaft und maßlos wird, wenn es wahllos trifft und schlägt, daß vor allem das Leiden der Unschuldigen, der Kinder, zu einem Protest, zum Grund der Empörung und der Auflehnung gegen Gott wird.

Diese Erfahrung ist in unseren Jahrzehnten zu einer Wirklichkeit geworden, die Dostojewskis Phantasie noch weit übertrifft. Der Name Auschwitz und der dort Wirklichkeit gewordene Holocaust von sechs Millionen Menschen ist wohl das grauenhafteste Symbol dafür; er steht stellvertretend für viele andere Orten und Zeiten, in denen Unvorstellbares geschah. Es ist kein Wunder, daß diese Erfahrungen als „vernichtender" Beweis gegen Gottes Liebe, Macht und Weisheit, die „alles so herrlich regieret", formuliert werden.

Albert Camus

In der Erzählung „Der Fremde" läßt *Albert Camus* (1913–1960) die Hauptfigur angesichts der bevorstehenden Hinrichtung zum Gefängnisgeistlichen sagen: „Ich glaube nicht an Gott." Auf die Frage, ob er dessen ganz sicher sei, erwidert er: „Ich brauche mich das nicht zu fragen, ich finde das ganz unwichtig. Ich habe nur noch wenig Zeit. Und die will ich nicht mit Gott vertrödeln."

In seinem Roman „Die Pest" schildert Camus die Erkrankung eines Kindes, die zum Tod führt. Diesen Tod beobachten ein Arzt, Dr. Rieux, und ein Geistlicher, Pater Paneloux. Die Szene wird so beschrieben:

„Das Kind hielt die Augen noch immer geschlossen und schien sich ein wenig zu beruhigen. Die Hände, die wie Krallen geworden waren, wühlten leise in den Bettseiten. Sie stiegen höher, kratzten in der Kniegegend auf der Decke, und plötzlich bog das Kind die Beine, zog die Schenkel an den Bauch und verharrte unbeweglich. Dann öffnete es zum erstenmal die Augen und schaute Rieux an, der sich vor ihm befand. In seinem nun aus grauem Lehm geformten Gesicht öffnete sich der Mund, und fast gleichzeitig entrang sich ihm ein einziger, von der Atmung kaum veränderter, ununterbrochener Schrei, der mit einem Schlag den Saal mit einem eintönigen schrillen Protest erfüllte, der so wenig menschlich war, daß er von allen Menschen zugleich zu kommen schien. Paneloux schaute diesen von der Krankheit beschmutzten, vom Schrei aller Zeiten erfüllten Kindermund an. Und er ließ sich auf die Knie gleiten, und alle fanden es natürlich, als sie ihn mit etwas erstickter, aber trotz der namenlosen, unaufhörlichen Klage deutlicher Stimme sagen hörten: ‚Mein Gott, rette dieses Kind!‘

Aber das Kind schrie weiter, und ringsum wurden die Kranken unruhig. Derjenige am anderen Ende, dessen Rufe nicht aufgehört hatten, beschleunigte den Rhythmus seines Klagens, bis auch dies ein richtiger Schrei war, während die anderen immer lauter jammerten. Eine Flut von Schluchzen überschwemmte den Saal und übertönte Paneloux' Gebet, und Rieux, der sich an der Bettstange festhielt, schloß die Augen; ihm war übel vor Müdigkeit und Ekel.

‚Ich muß fort‘, sagte Rieux. ‚Ich kann es nicht mehr ertragen.‘

Aber plötzlich verstummten die übrigen Kranken. Da merkte der Arzt, daß der Schrei des Kindes schwächer geworden war, daß er immer weiter abnahm und soeben aufhörte. Ringsum fing das Klagen wieder an, aber gedämpft und wie ein fernes Echo auf den Kampf, der vollendet war. Denn er war vollendet. Mit offenem, aber stummem Mund ruhte das Kind inmitten der durcheinandergeworfenen Decken; es war plötzlich klein geworden, und auf seinem Gesicht sah man noch die Spuren der Tränen.

Paneloux näherte sich dem Bett und machte die Gebärde des Segnens. Dann raffte er seine Röcke zusammen und verließ den Saal durch den Mittelgang.

Aber Rieux stürmte schon hinaus. Sein Schritt war so überstürzt, sein Ausdruck so, daß Paneloux den Arm ausstreckte, um ihn zurückzuhalten, als er an ihm vorübereilte.

‚Aber Herr Doktor‘, sagte er zu ihm.

Mit derselben ungsestümen Bewegung drehte Rieux sich um und warf heftig hin:

‚Ah, der wenigstens war unschuldig, das wissen Sie wohl!‘

Dann wandte er sich ab, trat vor Paneloux durch die

Tür und ging bis ans Ende des Schulhofes. Dort setzte er sich zwischen den kleinen, staubbedeckten Bäumen auf eine Bank und wischte sich den Schweiß ab, der ihm schon in die Augen lief. Er hätte weiterschreien mögen, um endlich den unerbittlichen Knoten zu lösen, welcher ihm das Herz zusammenschnürte. Die Hitze fiel langsam zwischen den Zweigen der Feigenbäume herab. Der blasse Morgenhimmel bedeckte sich rasch mit einem weißlichen Schimmer, der die Luft drückend machte. Rieux saß auf seiner Bank und überließ sich seiner Ermattung. Er betrachtete die Zweige, den Himmel, kam langsam zu Atem und schluckte allmählich seine Müdigkeit wieder herunter.

‚Warum haben Sie so zornig mit mir gesprochen?' fragte eine Stimme hinter ihm. ‚Auch ich fand diesen Anblick unerträglich.'

Rieux wandte sich Paneloux zu.

‚Sie haben recht', sagte er, ‚Verzeihen Sie mir. Aber die Übermüdung ist eine Art Wahnsinn. Und es gibt Zeiten in dieser Stadt, da ich nur mehr meine Empörung spüre.'

‚Ich verstehe', murmelte Paneloux. ‚Es ist empörend, weil es unser Maß übersteigt. Aber vielleicht sollen wir lieben, was wir nicht begreifen können.'

Rieux richtete sich mit einem Schlag auf. Mit der ganzen Kraft und Leidenschaft, deren er fähig war, schaute er Paneloux an und schüttelte den Kopf.

‚Nein, Pater', sagte er. ‚Ich habe eine andere Vorstellung von der Liebe. Und ich werde mich bis in den Tod hinein weigern, die Schöpfung zu lieben, in der Kinder gemartert werden.'

Ein bestürzter Schatten huschte über Paneloux' Gesicht.

‚Ach, Herr Doktor', sagte er traurig, ‚eben habe ich erkannt, was man Gnade heißt.'

Aber Rieux war von neuem auf seiner Bank zusammengesunken. Seine Müdigkeit war zurückgekehrt und ließ ihn sanfter antworten.

‚Die habe ich nicht, ich weiß. Aber ich will nicht mit Ihnen darüber streiten. Wir arbeiten miteinander für etwas, das uns jenseits von Lästerung und Gebet vereint. Das allein ist wichtig.'"

Die einzige Konsequenz, die sich angesichts solcher Situationen ergibt, ist, alles zu tun, um das Leiden in der Welt zu vermindern, alle Macht aufzubieten, um gegen es anzugehen. Die Frage, die in dem gleichen Werk begegnet: „Kann man ohne Gott ein Heiliger sein?", „das einzig wirkliche Problem, das ich heute kenne", wird so beantwortet: „Ich fühle mich mit den Besiegten enger verbunden als mit den Heiligen. Ich glaube, daß ich am Heldentum und an der Heiligkeit keinen Geschmack finde. Was mich interessiert, ist, ein Mensch zu sein."

Der Schrei gegen Gott

Noch eindringlicher erklärt Camus diesen Zusammenhang in seinem Werk: „Der Mensch in der Revolte". Darin beschreibt er nicht nur eine Situation, er entwirft eine Weltanschauung: „Die metaphysische Revolte ist die Bewegung, mit der ein Mensch sich gegen seine Lebensbedingung und die ganze Schöpfung auflehnt. Sie ist metaphysisch, weil sie die Ziele des Menschen und der Schöpfung bestreitet ... Zu gleicher Zeit, da der Revoltierende sich gegen seine Sterblichkeit verwahrt, weigert er sich, die Macht anzuerkennen, die ihn darin leben läßt. Wer metaphysisch revoltiert, ist also nicht unweigerlich ein Gottesleugner, wie man glauben könnte, aber er ist notwendigerweise ein Gotteslästerer. Nun lästert er zuerst im Namen der Ordnung, indem er in Gott den Vater des Todes und den größten Skandal aufdeckt." – „Sobald der Mensch nicht mehr an Gott noch an das unsterbliche Leben glaubt, wird er verantwortlich für alles, was lebt ... Ihm allein kommt es zu, die Ordnung und das Gesetz zu finden."

Um „seine Wahrheit" zu erlangen, muß der Mensch darauf verzichten, außerhalb seiner selbst die Garantie seiner Existenz zu suchen.

Im Namen der Freiheit

Simone de Beauvoir

In ihrem biographischen Buch „Die Mandarine von Paris" bekennt *Simone de Beauvoir* (1908–1986):

„Als Kind glaubte ich an Gott. Es war kein Märchen. Gott wurde eine abstrakte Vorstellung irgendwo im Himmel. Eines Tages habe ich sie weggewischt. Ich habe Gott nie vermißt. Er stahl mir die Erde."

Die Folge dieser Entscheidung ist nun keineswegs, daß der Mensch, wie etwa bei Nietzsche, göttliche Eigenschaften übernehmen will oder sie sich anmaßt, er bejaht voll und ganz seine Endlichkeit, seine Menschlichkeit und nimmt sie in Regie:

„Das Fehlen Gottes erlaubt nicht jede Zügellosigkeit. Im Gegenteil: Weil der Mensch auf Erden allein gelassen ist, ist sein Handeln ein absolutes, definitives Engagement. Er trägt die Verantwortung für eine Welt, die nicht das Werk einer fremden Macht ist, sondern sein eigenes, in dem Sieg und Niederlagen ihre Spuren hinterlassen."

„Die Idee des Heils hatte in mir das Verschwinden Gottes überlebt, und es war meine Grundüberzeugung, daß jeder persönlich das seine erwirken müsse." – „Der Mensch kennt nichts anderes als sich selbst ... Der Mensch steht nur Menschen gegenüber, und was es im Himmel gibt oder nicht, das betrifft ihn nicht." – „Man kann nur auf Erden lieben, und nur gegen Gott."

Jean-Paul Sartre

Diese Gedanken begegnen bei *Jean-Paul Sartre* (1905–1980) in einer noch intensiveren Weise und in einer grundsätzlichen und philosophischen Besinnung. In seinem biographischen Werk, das über die Kindheitsjahre berichtet: „Die Wörter", bekennt Sartre, daß er nicht durch den Konflikt der Dogmen, sondern durch die Gleichgültigkeit seiner Großeltern zum Unglauben gelangte. Er spricht dabei ausdrücklich von der Geschichte – „einer mißglückten Berufung. Ich brauchte Gott, man gab ihn mir, ich empfing ihn, ohne zu begreifen, daß ich ihn suchte. Da er in meinem Herzen keine Wurzeln schlug, vegetierte er einige Zeit in mir und starb dann. Spricht man mir heute von ihm, so sag ich amüsiert und ohne Bedauern wie ein altgewordener Frauenjäger, der eine ehemals schöne Frau trifft: ‚Vor fünfzig Jahren hätte ohne das Mißverständnis, ohne jenen Irrtum, ohne den Zufall, der uns auseinanderbrachte, etwas zwischen uns sein können.' Es war nichts zwischen uns."

Von einem späteren Erlebnis berichtet Sartre, daß er beschloß, „an den Allmächtigen zu denken. Augenblicklich machte er sich in den Azur davon, ohne irgendeine Erklärung: Er existiert nicht, sagte ich, höflich erstaunt, zu mir selbst und hielt die Angelegenheit für abgetan. In gewisser Weise war sie es auch, denn seither habe ich niemals die leiseste Versuchung gespürt, ihn von neuem zu beschwören."

Diese Erfahrungen bleiben für Sartre nicht Biographie. Sie werden Anlaß und Thema einer umfassenden philosophischen Durchdringung. Sartre bestimmt den Menschen als ein radikal freies Wesen, das durch kein vorgängiges, ihn bestimmendes „An-sich-Sein" gegeben ist, also durch ein Sein, das in sich selbst verschlossen, ohne Möglichkeit, ohne Begegnung, ohne Kommunikation ist. Der Mensch ist in dem Maße Mensch, als er Freiheit ist und es ablehnt, sich ins „An-sich" einsperren zu lassen. Er ist die

Vernichtung des „An-sich". Er muß seine Bedingungen bejahen und sich als Freiheit annehmen.

In einer anderen Formulierung heißt das: Die Existenz geht der Essenz voraus. Das bedeutet –

„daß der Mensch zuerst existiert, sich begegnet, in der Welt auftaucht und sich danach definiert". Der Mensch ist anfangs überhaupt nichts:

„Er wird erst in der weiteren Folge sein, und er wird so sein, wie er sich geschaffen haben wird. Der Mensch ist nichts anderes, als wozu er sich macht." Weil die Existenz der Essenz vorausgeht, gibt es keine menschliche Natur und keine Vorausbestimmung. „Der Mensch ist frei. Der Mensch ist Freiheit."

Der Existentialismus

Diese radikale Freiheit schließt aber für Sartre die Konsequenz ein: „Gott ist tot." Die Freiheit wird dem Menschen zurückgegeben, die zu Unrecht Gott zuerkannt worden war. Der „Existentialismus ist nichts anderes als die Bemühung, alle Folgerungen aus einer zusammenhängenden atheistischen Einstellung zu ziehen". – „Dostojewski hatte geschrieben: ‚Wenn Gott nicht existierte, so wäre alles erlaubt.' Das ist der Ausgangspunkt des Existentialismus. In der Tat ist alles erlaubt, wenn Gott nicht existiert, und demzufolge ist der Mensch verlassen, da er weder in sich, noch außerhalb seiner eine Möglichkeit findet, sich anzuklammern."

Hatte *Voltaire* erklärt: Wenn es keinen Gott gäbe, müßte man ihn erfinden, so sagt Sartre: Wenn es Gott gäbe, müßte man ihn abschaffen. In anderen Worten:

„Der Existentialismus ist nicht ein Atheismus in dem Sinne, daß er sich erschöpfen würde im Beweis, Gott existiere nicht. Eher erklärt er: Selbst wenn es einen Gott gäbe, würde das nichts ändern; das ist unser Standpunkt. Nicht also ob wir glaubten, daß Gott existiert, aber wir denken, daß die Frage nicht die seiner Existenz ist; der Mensch muß sich selbst wieder finden und überzeugen, daß ihn nichts vor sich selbst retten kann, wäre es auch ein gültiger Beweis der Existenz Gottes."

Daraus folgt:

„Da ich Gottvater ausgeschaltet habe, muß es wohl jemand geben, der die Werte erfindet. Ehe sie leben, ist das Leben nichts; es liegt bei ihnen, ihm einen Sinn zu verleihen, und der Wert ist nichts anderes als der Sinn, den sie wählen ... Der Mensch hat keinen anderen Gesetzgeber als sich selbst." Sartre nennt sich selbst einen „atheistischen Existentialisten", der „aus Gott eine verjährte These machen wird, die ruhig und von selbst sterben wird".

Im dichterischen Werk von Sartre gewinnt der so verfaßte „Existentialismus" Gestalt, so bei Orest in dem Drama: „Die Fliegen." Orest versteht sich selbst und sein Tun so:

„Frei von jeglichem Glauben, ohne Heimat, ohne Religion, frei für jede Verpflichtung und wissend, daß man sich nicht verpflichten soll." Und: „Ich bin meine Freiheit." – „Kaum hast du mich geschaffen", sagt Orest zu Jupiter, „so habe ich auch schon aufgehört, dein eigen zu sein."

In dem Drama „Der Teufel und der liebe Gott" gewinnen diese Grundgedanken eine noch radikalere Gestalt, vor allem in der Person und der Rolle des „Götz". Zu Ende des Dramas ruft dieser aus: „Ich flehte, ich rang um ein Zeichen, ich sandte dem Himmel Botschaften zu, doch es kam keine Antwort. Der Himmel weiß nicht einmal, wer ich bin. In jedem Augenblick frage ich mich, was ich in den Augen Gottes wohl sei. Ich kenne die Antwort jetzt: nichts. Gott sieht mich nicht, Gott hört mich nicht, und Gott kennt mich auch nicht. Du siehst diese Leere zu unsern Häuptern? Diese Leere ist Gott. Du siehst die Öffnung in der Tür? Ich sage dir, sie ist Gott. Du siehst dies Loch in der Erde? Gott. Das Schweigen ist Gott. Die Abwesenheit ist Gott, die Verlassenheit der Menschen ist Gott. Was da war, war einzig ich: Ich allein habe mich für das Böse entschieden, habe das Gute erfunden. Ich habe betrogen und Wunder getan, ich selber klage mich heute an, und auch freisprechen kann nur ich mich, der Mensch. Wenn Gott existiert, ist der Mensch ein Nichts; wenn der Mensch existiert ... wohin läufst du denn?"

Eine Szene später sagt Götz:

„Gott ist tot." Darauf Hilda: „Tot oder lebendig, was macht das mir? Ich kümmere mich längst nicht mehr um ihn." Auf ihre Frage: „Hast du deinen Prozeß gewonnen?" antwortet Götz: „Er hat nicht stattgefunden, ich sage ja: Gott ist tot. Wir haben keinen Zeugen mehr; ich bin der einzige, der dein Haar sieht und deine Stirn. Wie wirklich du bist, seit er nicht mehr über uns ist."

Und einige Momente später:

„Ich habe Gott getötet, weil er mich von den Menschen trennte, und nun versetzt mich sein Tod in um so größere Einsamkeit. Ich dulde nicht, daß dieser gewaltige Leichnam mir meine Menschenfreundlichkeit verseucht ... Wenn Gott nicht ist, warum bin ich allein, ich, der ich mit allen sein möchte?" „Das Reich des Menschen ist angebrochen. Ich werde Henker und Schlächter sein. Ich werde allein sein mit dem leeren Himmel über mir, da ich nur so mit allen sein kann."

Eine radikalere Vorstellung des „Gott ist tot" als die, die Sartre mit seiner Philosophie und in seinen Dramen gibt, ist kaum denkbar. Man muß ihm bestätigen, daß er getan hat, wovon er in den „Wörtern" berichtet:

„Der Atheismus ist ein grausames langwieriges Unterfangen; ich glaube, ihn bis zum Ende betrieben zu haben."

Die Kraft der Sprache, die Dramatik der Handlung, die Radikalität der Gedanken, der Mut, die Konsequenzen dieses Entschlusses und dieser Entscheidung zu tragen, üben eine gewaltige Faszination und Wirkung aus, denen man sich nur schwer entziehen kann.

Gott ist überflüssig

Einer der häufigsten und beliebtesten Hinweise auf die Realität Gottes bestand in der Vergangenheit darin, Gott als Prinzip der Welterklärung im ganzen und im einzelnen zu bestimmen. Alles, was in der Welt ist, was in ihr geschieht oder gewirkt wird, verweist auf ihn und kann nur von ihm aus einsichtig gemacht werden. Gott ist die Ursache aller Ursachen. Die dem Menschen bekannten – natürlichen – Ursachen sind auf Gott als letzten und ersten Grund zurückzuführen. Wo aber die Ursache unbekannt bleibt, wo das Wissen auf Lücken und Grenzen stößt oder wo ein unerklärliches rätselhaftes oder wunderbares Geschehen begegnete, wurde Gott erst recht und unmittelbar als Grund und Ursache beansprucht.

So zu denken ergab sich aus dem Glauben an Gott, den allmächtigen Vater, den Schöpfer des Himmels und der Erde, dessen Wille „wie im Himmel also auch auf Erden" geschieht, dessen Herrschaft sich nichts entziehen kann, der mit Weisheit und Macht alles regiert, der sich „in seinen Anordnungen nicht irrt", der in gütiger Vorsehung hinter allem Geschehen waltet, der vor allem in solchen Ereignissen wirkt, die menschlicher Verfügung und Macht entzogen sind oder die der Mensch nicht begreifen kann. Diese Welt- und Daseinsbestimmung, die überall die Spur und das Wirken Gottes erkennen läßt, und die Erhaltung der Welt als fortwährendes Gehaltensein durch Gott versteht, sprechen die bekannten Worte aus:

„In ihm leben wir, bewegen wir uns und sind wir." – „Er trägt alles durch das Wort seiner Macht."

Diese Auffassung ist inzwischen nicht nur differenziert, sondern erschüttert worden.

Durch die Entdeckungen der modernen Naturwissenschaft ist die Welt immer mehr erschlossen, erklärt und in ihren natürlichen Gründen erkannt worden. Wo bisher Gott als Erklärungsprinzip für Sein und Geschehen beansprucht wurde, zeigt sich täglich mehr die Fülle natürlicher Gegebenheiten. Immer mehr wurden die Lücken der Unwissenheit, der Unerklärbarkeit der Phänomene und Vorgänge geschlossen. Gott als Erklärungsprinzip der Welt und des Weltgeschehens anzunehmen wurde immer fragwürdiger und überflüssiger. Dazu kommt, daß es dem Menschen gelungen ist, die erforschten Naturgesetze anzuwenden, in seinen Dienst zu nehmen und damit in schöpferischer Gestaltung sich die Natur untertan zu machen und Herr der Welt zu sein. Während noch für *Newton* (1643–1727) und *Kepler* (1571–1630) die Entdekkung der Naturgesetze ein unmittelbarer Anlaß war, die Weisheit des Schöpfers und Gesetzgebers des Universums zu preisen, erklärte der französische Astronom *Laplace* (1741–1827) auf die Frage Napoleons, wo denn Gott in seinem System stehe: „Ich brauche diese Hypothese nicht."

Dieser Satz ist inzwischen nicht nur zu einem bekannten und geflügelten Wort geworden. Er hat sich mehr und mehr verifiziert. So erklärt der englische Biologe *Julian Huxley:* „Die Gott-Hypothese hat für die Auslegung oder das Verständnis der Natur keinerlei praktische Bedeutung mehr, sie steht im Gegenteil einer wahren Auslegung oft im Wege. Es wird einem gebildeten und intelligenten Menschen bald so schwerfallen, an einen Gott zu glauben, wie daran, daß die Welt flach ist, daß Fliegen spontan erzeugt werden können, daß Krankheit eine göttliche Strafe sei oder der Tod immer das Geheimnis von Zauberei. Götter werden jedoch zweifellos überleben, manchmal unter dem Schutz von besonderen Interessen oder faulen Geistern, als Puppen, die der Politiker benutzt, oder als Fluchtstätte für unglückliche und unwissende Seelen."

Die „Hypothese Gott" wird „zentimeterweise ermordet und stirbt den Tod von tausend Einschränkungen". Diese Auffassung ist vor allem in der Position des sogenannten Positivismus ausdrücklich zur Sprache gebracht worden.

Die Frage „Abschied von Gott?" in der Begegnung mit dem Positivismus

Positivismus bezeichnet nicht einen bestimmten Inhalt des Denkens, sondern eine *Methode*, die auf alle Bereiche des Denkens angewandt wird. Diese Methode ist so zu bestimmen, daß das naturwissenschaftliche Modell zum universalen Prinzip erhoben wird. Die Sache der Wissenschaft wird demnach ausschließlich auf das positiv Gegebene bezogen. Darunter ist alles zu verstehen, was als Tatsache, was als „Fall" erfahrbar ist, was sich empirisch feststellen läßt, was sich der exakten Prüfung, Kontrolle und Verifizierbarkeit unterzieht. Alle Wissenschaften sollen den Rang an Sicherheit, an Objektivität und Exaktheit gewinnen, der in den Naturwissenschaften begegnet. Wenn man weiß, welche Faszination von dem Wort Wissenschaft ausgeht, dann kann man ermessen, welche Bedeutung dem Positivismus als Prinzip und Methode von Wissenschaft und Denken zukommt.

Vorläufer des Positivismus sind *Francis Bacon* (1561–1601), der alle Erkenntnis auf eine induktiv und experimentell verfahrende Wissenschaft gründet, der der Wissenschaft nicht „Schwingen und Flügel, sondern Bleiklötze" anhängen will, *Thomas Hobbes* (1588–1679), der jede metaphysische Grundlage des Rechts ablehnt und nur das vom Staat erlassene Gesetz gelten läßt (Rechtspositivismus), *David Hume* (1711–1776), der menschliche Erkenntnis nur auf Mathematik und menschliche Erfahrung bezieht. Von Hume sagt Kant, er habe ihn aus dem „dogmatischen Schlummer" geweckt. Als Hauptvertreter und wichtigster Repräsentant des Positivismus gilt *Auguste Comte* (1789–1857). Er hat dem Positivismus eine klassische Ausprägung gegeben. Comte deklarierte den Positivismus nicht als eine Kritik am Bestehenden, sondern als eine Überwindung des Bestehenden durch einen neuen Ansatz. Er hat den Positivismus als Endstufe einer gesetzmäßigen Entwicklung des menschlichen Geistes verstanden und ihn als Ergebnis des von ihm im Alter von 24 Jahren entwickelten „Drei-Stadien-Gesetzes“ formuliert und in der Schrift „Prospekt der für die Reorganisation der Gesellschaft notwendigen wissenschaftlichen Arbeiten“ vorgestellt. Dieses Gesetz besagt: „Kraft der Natur des menschlichen Geistes muß jeder Zweig unseres Wissens in seinem Fortgang notwendig drei theoretische Stadien durchlaufen: das theologische oder fiktive Stadium, das metaphysische oder abstrakte Stadium, und schließlich das wissenschaftliche oder positive Stadium ... Das sind die drei großen Etappen menschlicher Entwicklung, die die geschichtliche Betrachtung jeder Wissenschaft uns offenbart und die die Prüfung der menschlichen Natur uns als in intellektueller wie in moralischer und gesellschaftlicher Beziehung a priori unvermeidlich und unerläßlich anzusetzen veranlaßt.“

Wie radikal der Positivismus Comtes das Thema des Atheismus betrifft, ja wie sehr er darüber hinaus in eine andere Dimension führt, in der auch die Sache des Atheismus keinen Ort und keinen Sinn mehr hat, läßt sich durch folgende Hinweise erklären: Im ersten und zweiten Stadium der Entwicklung des menschlichen Geistes „hat der Mensch eine besondere Vorliebe für unlösbare Probleme“, die in den nie beantwortbaren Fragen nach dem Warum, nach Grund und Wesen sich artikulieren. Im dritten Stadium, dem des Positivismus, wird diese, wie Comte sagte, unfruchtbare Fragestellung verlassen. Der neue Geist des Positivismus fragt nicht mehr nach dem Wesen der Dinge, sondern er bemüht sich, die Gesetze zu bestimmen, nach denen sie ablaufen und vor sich gehen.

In diesem Prozeß befreit sich – nach Comte – der Mensch aus der Unmündigkeit und der Abhängigkeit von den Göttern und von jeglichem Gottesglauben. Er befreit sich aus dem fruchtlosen Bemühen der Philosophie zur Herrschaft über die Natur, wodurch er sich die Möglichkeit verschafft, verändernd und verbessernd in die Welt einzugreifen nach dem Programm: „sehen, um vorauszusehen; voraussehen, um vorauszuplanen; vorausplanen, um sich der Welt zu bemächtigen." Comte sieht den Tag kommen – und er glaubt ihn noch zu erleben –, an dem die Kathedrale von Notre Dame in Paris zum Tempel der Vernunft umgewandelt sein wird.

Durch die neue Fragestellung wird das eigentlich neue Stadium erreicht, also nicht durch bloße Änderungen oder Vervollkommnung der bestehenden Lösungen, sondern durch Überwindung des Bestehenden. Infolge der neuen Fragestellung gibt es nicht nur für die These oder für die Hypothese, sondern für die Frage nach Gott als solcher keinen Ort mehr. Dieser Frage wird nicht von der Lösung her, sondern vom Ansatz aus gleichsam der Boden entzogen. Die Comte'sche Problemstellung ist so, daß sie auch den Atheismus hinter sich läßt. Der Atheismus läßt sich immer noch auf die gleichen Fragen und Problemstellungen ein wie der Theismus und legt darüber hinaus nur eine negative Antwort vor. Durch diese Negativität bringt sich der Atheismus in eine noch schlechtere Position als der Theismus, der immerhin eine Antwort zu geben vermag. Aber Comte will auch das noch überwinden. „Vom reinen Vernunftstandpunkt aus stellt der Atheismus nur eine ungenügende Befreiung dar, da er die Tendenz hat, das metaphysische Stadium unabsehbar zu verlängern, indem er ohne Unterlaß neuen Lösungen der theoretischen Probleme nachjagt, anstatt alle unzulänglichen Fragen als vollkommen müßig beiseite zu lassen. Der wahre positive Geist besteht vor allem darin, die Erforschung der letzten oder ersten Ursachen durch die Erforschung der unabänderlichen Gesetze der Erscheinungen, kurz: die Bestimmung des Warum durch die des Wie zu ersetzen ... Solange wir an Fragen kleben, die für unsere Kindheit bezeichnend sind, steht es uns übel an, die naive Art der Behandlung, die unsere Einbildungskraft ihnen angedeihen läßt und die ihrer Natur tatsächlich allein angemessen erscheint, zu verwerfen ..." Die beharrlichen Atheisten dürfen also nach Comte als die inkonsequentesten unter den Theologen angesehen werden, da sie den selben Fragen nachgehen wie eben jene, nur mit einer negativen Antwort.

„Die große Wende und die große abendländische Revolution", deren Prophet Comte sein will, „geht nicht in diese Falle. Sie überwindet den Atheismus, um dem Theismus endgültig den Garaus zu machen. Sie gibt beiden, dem Atheismus und dem Theismus, den beiden feindlichen Dogmen, den Laufpaß." Durch die Austreibung aller „metaphysischen Abstraktionen" und aller „theologischen Fiktionen" wird das unwiderrufliche Ende der bisherigen gültigen Weltregierung proklamiert ... „Das Bewußtsein des Atheisten war gegen neuerliche Erschütterungen nicht gefeit. So absolut seine Negation auch war, es konnte ihn immer noch die Unruhe beschleichen, ausgehend und gefördert von der Frage, die er zunächst so unvorsichtig gewesen war zuzulassen. Der Positivismus allein leistet ganze Arbeit. Dank ihm ist Gott gegangen, ohne eine Frage zu hinterlassen."

Man wird zugeben: Hier wird eine radikale Sprache gesprochen. Der Atheismus ist demnach nicht so sehr ein Ergebnis der Wissenschaft – er ist bereits als mögliche Frage verschwunden. Nicht die Zeit des Atheismus wird angekündigt, sondern das „nachatheistische Zeitalter".

Dem muß man hinzufügen: Was Comte behauptete, wollte oder ahnte, war zu seiner Zeit noch nicht in vollem Umfang Wirklichkeit, hat sich aber in unseren Tagen in einer bisher noch nicht gekannten Intensität und Extensität durchgesetzt und als Resultat hervorgebracht: Gott ist gegangen, ohne eine Frage zu hinterlassen.

Es ist kein Zweifel, daß die heute herrschende Mentalität in allen Bereichen – 150 Jahre nach Comtes Schrift – eine Rückkehr zu ihm ist. Unter den methodischen Ansätzen des Positivismus werden alle Bereiche behandelt: Psychologie, Anthropologie, Gesellschaftslehre. Die Philosophie hatte zwar – entgegen Comtes Prognosen – noch einmal eine Auferstehung gefunden zu Beginn unseres

Jahrhunderts in der Phänomenologie von Husserl und Scheler, im Personalismus von Ebner und Buber, in der Ontologie Heideggers, in der Existenzphilosophie von Jaspers und Sartre. Dies alles wird heute weithin abgelöst. Heute spricht man vom Ende der Metaphysik. Der Heidelberger Philosoph Karl Löwith hat erklärt: „Die klassischen Probleme der Philosophie wie Gott, Mensch, Seele, sind philosophisch nicht mehr zu erwecken. Von der Seele mag niemand mehr sprechen, weil man nicht weiß, ob man eine hat; von Gott trauen sich selbst die Theologen nicht mehr zu reden; von der Welt kann man sinnvoll nur noch naturwissenschaftlich sprechen." Die geistige Situation der Zeit ist durch das ständige Vordringen des sogenannten Neopositivismus bestimmt, der Comtes Position noch weiterführt. Er begann in dem sogenannten „Wiener Kreis" der zwanziger Jahre, im Kreis um Carnap, Reichenbach und vor allem Ludwig Wittgenstein. Die philosophische Fragestellung verlagert sich nach dem Neopositivismus auf das Gebiet der Logik und der Sprache.

Aufgabe der Philosophie ist demnach nicht die Erforschung von Tatsachen – diese ist Sache der exakten Wissenschaft –, Aufgabe der Philosophie ist die logische Untersuchung der sprachlichen Einheiten (Worte, Sätze, Sprache), mit denen wir über die wissenschaftlich erforschte Welt reden. Es gibt nur zwei Arten von sinnvollen Aussagen: Aussagen über Tatsachenverhältnisse, die aus der Erfahrung stammen und durch die Erfahrung verifiziert sein müssen. Ferner gibt es Aussagen über rein logische und mathematische Verhältnisse, die keine Kenntnis der Tatsachen vermitteln und somit unabhängig von aller Erfahrung gelten.

Die Philosophie hat demgemäß die Aufgabe, diese zwei Arten von Aussagen, die wir mit Hilfe der Sprache machen, logisch zu analysieren; Philosophie ist keine Lehre, sondern eine Tätigkeit. Ihr Resultat sind nicht philosophische Erkenntnisse oder Sätze, sondern „Das Klar-Werden von Sätzen" (L. Wittgenstein). Die herkömmlichen Probleme der Philosophie sind entweder naturwissenschaftliche Probleme, oder es sind sinnlose Probleme, die sich in durch keine Erfahrung gedeckten Leerformeln aussprechen. Darunter fallen alle metaphysischen Fragen nach dem Grund und Wesen der Dinge, nach dem Sein, sowie alle Fragen, die in die Richtung einer wie immer bestimmten Transzendenz der Erfahrung weisen. Die dazu ausgesprochenen Sätze sind Leerformeln, die im Bereich der Erfahrung keine Deckung haben. Fragen nach Gott sind sinnlose Fragen, ebenso Sätze, deren Subjekt Gott ist. Die genaue Erforschung der logischen Struktur der Sprache aber beseitigt alle falschen Ansichten über den Gegenstand der wissenschaftlichen Forschung. Anders formuliert: Die Philosophie ist nicht ein System von Wahrheiten und darum auch keine eigene Wissenschaft, keine Wissenschaft mit eigenem Gebiet. Philosophie ist vielmehr ein Verfahren, das in den Einzelwissenschaften überall einsetzt, wo Unklarheiten bestehen, Unklarheiten der Sprache; darin liegt ihre Aufgabe, und zwar ihre einzige.

Ludwig Wittgensteins berühmter, auch von Theologen oft zitierter Satz „Wovon man nicht reden kann, davon soll man schweigen" ist deshalb nicht ein Plädoyer für eine negative Theologie, er ist auch kein Bekenntnis zum „Deus semper maior", zum „unbekannten Jenseits aller Worte", sondern ein Imperativ, in der Sache Gottes schlechthin nichts zu sagen, weil Gott in keinem Betracht in den Horizont jener Wirklichkeit fällt, auf den Sprache und Leben bezogen sind. Der Vordersatz des Zitats von Wittgenstein lautet: „Was sich überhaupt sagen läßt, läßt sich klar sagen; was sich nicht klar sagen läßt, ist überhaupt nicht zu sagen."

Was für die Erklärung der Welt gilt, gilt auch für das Tun und Verhalten des Menschen. In demselben Maße, in dem die Wissenschaft die Welt auf sogenannte „natürliche Weise" erklärte und sie mit Hilfe der Technik planvoll gestaltete, wurde Gott als Hypothese und als These überflüssig. Immer mehr Funktionen, die bis dahin Gott ausgefüllt hatte, wurden vom Menschen und von der menschlichen Gesellschaft übernommen. An die Stelle der göttlichen Vorsehung trat die rationale Planung, an die Stelle der „Hilfe von oben" der Katastrophenschutz, an die Stelle der Dämonenaustreibung die Psychotherapie. Vor Ansteckung schützt man sich durch Impfung, vor Mißernte durch Import von Weizen, vor wirtschaftlichen Krisen durch eine konzertierte Aktion.

Der zunehmenden Machbarkeit aller Dinge durch den Menschen entspricht eine zunehmende Abwesenheit Gottes in der Welt: Je mehr es dem Menschen gelingt, sich der Welt zu bemächtigen, desto mehr breitet sich das Bewußtsein der Abwesenheit Gottes in der Welt aus, und umgekehrt: Je mehr sich das Bewußtsein der Abwesenheit Gottes in der Welt ausbreitet, desto mehr ist der Mensch bereit, die Welt in seine Planung und Verantwortung zu nehmen. Die moderne Weltraumfahrt hat diese Entwicklung ins Gigantische gesteigert. Sie hat die vulgäre Idee, daß „der Himmel leer" ist, daß Gott nicht gefunden werden kann, gleichsam technisch erwiesen. Um so mehr hat sie demonstriert, daß der Mensch der Herr und Beherrscher des Weltalls ist, daß ihm nichts mehr unmöglich ist, daß er alle Gesetze und Kräfte entdeckt und sie in den Dienst seiner Ziele, seines Reiches, des Reiches der Menschen stellt. Die Himmel rühmen nicht mehr des „Ewigen Ehre", sie verkünden den Ruhm, die Macht und die Weisheit des Menschen.

Gott ist entbehrlich und überflüssig geworden in den Dimensionen der Welt, des Lebens, der Wissenschaft und der Technik. Er ist als Hypothese entlassen, der Abschied von Gott ist vollständig.

Diese Situation hat der Theologe *Dietrich Bonhoeffer* (1906–1945) schon vor mehr als zwanzig Jahren gesehen und beschrieben. Er hat sie sogar noch um eine Dimension überboten, wenn er sagt:

„Der Mensch hat gelernt, in allen wichtigen Fragen mit

sich selbst fertig zu werden, ohne Zuhilfenahme der ‚Arbeitshypothese Gott'. In wissenschaftlichen, künstlerischen, auch ethischen Fragen ist das eine Selbstverständlichkeit geworden, an der man kaum mehr zu rütteln wagt; seit etwa 100 Jahren gilt das aber in zunehmendem Maße auch für die religiösen Fragen; es zeigt sich, daß alles auch ohne ‚Gott' geht, und zwar ebensogut wie vorher. Ebenso wie auf wissenschaftlichem Gebiet wird im allgemein menschlichen Bereich ‚Gott' immer weiter aus dem Leben zurückgedrängt, er verliert an Boden."

Die Gottesfrage in der Begegnung mit der Psychoanalyse – Die Zukunft einer Illusion

Sigmund Freud

Die Psychoanalyse ist zunächst eine Methode der psychologischen Untersuchung und Forschung, die es ermöglicht, seelische Vorgänge, Lebenszusammenhänge und Strukturen zu erkennen, die der Selbstwahrnehmung verborgen sind. Die Psychoanalyse nimmt vor allem das Unbewußte in den Blick: die Fehlleistungen der Seele, den Irrtum, die Selbsttäuschung, die Gefühle am falschen Platz, den inadäquaten Affekt, die Triebstörungen und die Fehlentwicklungen des Charakters.

Die Psychoanalyse ist sodann eine Summe von Aussagen über erfahrbare, psychologische oder psychophysische Befunde oder in der Erfahrung mitgegebene Sachverhalte, über Phänomene, Strukturen, Zusammenhänge und Gesetze des seelischen Lebens, die mit der analytischen und zum Teil auch mit anderen Methoden aufgewiesen werden können.

Damit wird Psychoanalyse zu einem System der theoretischen Psychologie, darüber hinaus gerade heute zu einer maßgeblichen und einflußreichen Gestalt von Anthropologie, ja von wissenschaftlicher Weltanschauung.

Der Begründer der Psychoanalyse ist *Sigmund Freud* (1856–1939). Welchen Rang Freud einnimmt, ist heute jedem Kundigen klar. Freud gehört mit seiner Entdeckung des Unbewußten neben Marx und Darwin zu den großen Bestimmern der Entwicklung und der Geschichte des 19. Jahrhunderts.

Welche Bedeutung Freud selbst der Psychoanalyse zuschreibt, wird aus seinem Wort klar: „Die Psychoanalyse enthält den Schlüssel zum Verständnis der grundlegenden Verhältnisse des Menschen." Dazu gehört auch das Verhältnis des Menschen zu Gott und zum Göttlichen, die Religion. Freud stellt sein Werk in die Reihe der Revolutionen, die, wie er sagt, den Menschen der Neuzeit gedemütigt haben: die des Kopernikus, der den Menschen aus der Mitte des Kosmos verdrängt und zum belanglosen Randprovinzler der Natur gemacht hat, die des Darwin, in der die Krone der Schöpfung und das Ebenbild Gottes zu einem Tier unter Tieren degradiert wurde; die dritte Revolution sieht er durch sein eigenes Werk herbeigeführt, in dem der Geist des Menschen seiner angestammten Menschenwürde beraubt und als Knecht der wahrhaft herrschenden Triebe erwiesen wurde. Freud versteht sich als Revolutionär gegen die Anthropologie der Antike, des Judentums und des Christentums.

Der Titel der Schrift Freuds „Zukunft einer Illusion" beschreibt treffend sein Programm und seine Konzeption von Religion als Illusion. Die Diagnose auf Illusion vollzieht Freud in einer mehrschichtigen Weise, die sich im Fortgang seines großen wissenschaftlichen Werkes artikuliert.

Folgende Schritte sind zu nennen:

In der ersten Schicht, die in seinen frühen Schriften faßbar wird, erkennt Freud, daß Religion, ihre Äußerungen und Praktiken dieselben Symptome aufweisen, wie die in den Befund der klinischen Psychoanalyse gehörenden Neurosen, vor allem die Zwangsneurosen, zeigen. Ein Essay aus dem Jahre 1907, „Zwangshandlungen und Religionsübungen“, macht das schon im Thema deutlich. Freud vergleicht die religiöse Praxis, genauer die Befolgung eines religiösen Ritus, mit dem neurotischen Zeremoniell. Auf beiden Seiten herrscht nach ihm die gleiche Sorge, alle Einzelheiten des Ritus zu beachten, die gleiche Achtsamkeit, ja nichts auszulassen, die gleiche Tendenz, seine Vorschriften zu komplizieren, die gleiche Gewissensqual, wenn irgendein Teil ausgelassen wird, und der auf Schutz und Abwehr eingestellte Charakter des Zeremoniells gegenüber von außen kommenden Gefahren oder Drohungen.

Aus dem Vergleich zwischen religiösen Äußerungen und neurotischen Phänomenen zieht Freud zunächst Parallelen und Analogien; er vergleicht die Vorgänge in den Bereichen von Religion und Neurose und erkennt darin eine Übereinstimmung von Sinn und Intention. Daß Religion gerade mit dem Phänomen der Neurose verglichen werden kann, legt nach Freud nicht nur die Vermutung nahe, daß der Mensch zu beidem disponiert ist, zu Religion und zu Neurose, sondern daß beide aus der gleichen Wurzel stammen; das heißt, daß Religion eine Neurose ist. Freud zieht diese Konsequenz: „Nach diesen Übereinstimmungen und Analogien könnte man sich getrauen, die Zwangsneurose als pathologisches Gegenstück zur Religionsbildung aufzufassen, und die Neurose als eine individuelle Religiosität; die Religion dann als eine universale Zwangsneurose zu bestimmen.“

Ein weiterer Ausbau und eine Vertiefung dieses Ansatzes und der dabei grundgelegten Prinzipien und Ähnlichkeiten erbringt als konkretes Ergebnis, als Analyse einer Illusion: „Der persönlich vorgestellte Gott ist tiefenpsychologisch gesehen nichts anderes als ein erhöhter Vater.“ Dieser Gedanke taucht bei Freud zum ersten Mal auf in einem kurzen Essay über „Eine Kindheitserinnerung des Leonardo da Vinci“ (1908); dieser Gedanke stellt gleichsam die Freudsche Entdeckung dar und ist mit seinem Namen verbunden. Mit dieser Entdeckung versucht Freud, das Phänomen der mit der Neurose verwandten Religion den gleichen Verstehensbedingungen zu unterwerfen wie die Neurose selbst. Das Ergebnis sollte die Befreiung sein als Ende einer Illusion. Dies gelingt durch das Bewußtmachen des Unbewußten; dadurch erfolgt die Befreiung von den Zwängen, sowohl in der individuellen Neurose wie in der universalen Zwangsneurose, Religion genannt.

Die entsprechende Analyse führt Freud vor allem im Blick auf das Gewissen durch, das gemeinhin als religiöses Phänomen betrachtet wird, das man als „Stimme Gottes" qualifiziert, als Ort, in dem der Mensch der Unbedingtheit der Autorität und der Heiligkeit Gottes gewahr wird. Das Gewissen erscheint deshalb im eminenten Sinn als „religiöses Organ", als Instanz für das richtige Verhalten des Menschen, das die Orientierung über Gut und Böse gewährt und zugleich die richterliche Instanz über das Verhalten nach dem Tun des Menschen bildet. Für diese Gewissensbildung macht Freud folgendes geltend, vor allem in seiner Schrift über das „Unbehagen in der Kultur". Dabei definiert er das Gewissen als „die innere Wahrnehmung von der Verwerfung bestimmter in uns bestehender Wunschregelungen".

Diese innere Wahrnehmung, Gewissen genannt, kann Freud aufgrund seiner Beobachtungen nicht als eine angeborene Eigenschaft des Menschen verstehen. Das Gewissen entsteht nach ihm auf dem Boden einer für das Kindesalter des Menschen spezifischen Gefühlslage der Ambivalenz. Sie besteht im gleichzeitigen Vorhandensein von sowohl positiven wie auch negativen Gefühlsbeziehungen des Kindes zum Vater. Es gibt nach Freud kein ursprüngliches natürliches Unterscheidungsvermögen für Gut und Böse. Das Böse ist oft gar nicht das dem Ich Schädliche oder Gefährliche, es kann auch das Gegenteil davon sein: das, was dem Menschen erwünscht ist, was ihm Vergnügen bereitet. Darin zeigt sich nach Freud ein fremder Einfluß, der den Menschen bestimmt. Dieser Einfluß von außen bestimmt auch, was Gut und Böse heißen soll. Da die eigene Empfindung den Menschen nicht auf diesen Weg geführt hätte, muß er ein Motiv haben, sich diesem fremden Einfluß zu unterwerfen. Dieses Motiv ist nach Freud die Hilflosigkeit und die Abhängigkeit des Menschen von einem anderen. Diese zeigt sich vor allem als Angst vor dem Liebesverlust. Verliert der Mensch die Liebe des anderen, von dem er abhängig ist, so büßt er auch den Schutz ein, den der andere gewährt; er setzt sich vor allem der Gefahr aus, daß der Übermächtige, auf den er angewiesen und von dem er abhängig ist, ihn in der Form der Bestrafung seine Überlegenheit fühlen läßt.

Wer ist nun dieser andere? Dieser andere ist für das Kind der Vater, die Eltern – sie sind die Verkörperung des „anderen", auf den das Kind angewiesen ist und dessen Liebesverlust es fürchtet. Das Böse ist deshalb anfänglich dasjenige, wofür man mit Liebesverlust bedroht wird; aus Angst vor diesem Verlust muß man meiden, was mit Liebesverlust bestraft werden kann. Das ist der Ursprung des Gewissens, das angeblich nach Gut und Böse orientiert ist. Darum macht es – nach Freud – zunächst auch wenig aus, ob man das Böse bereits getan hat oder ob man es erst tun will. Die Gefahr tritt erst ein, wenn die Autorität des Vaters und der Eltern es entdecken.

Den Zustand des Entdecktwerdens heißt man „schlechtes Gewissen". Aber eigentlich verdient es diesen Namen nicht, denn auf dieser Stufe ist das Schuldbewußtsein offenbar nur Angst vor dem Liebesverlust, also soziale Angst. Beim Kind kann es nicht anders sein; aber auch beim Erwachsenen ändert sich an diesem Tatbestand nicht mehr, als daß an die Stelle des Vaters und der Eltern die größere menschliche Gemeinschaft tritt: die Gesellschaft als die Instanz, deren Zuneigung und Wohlwollen man zu verlieren fürchtet. Darum gestatten sich die Erwachsenen – sagt Freud – regelmäßig das Böse, wenn sie nur sicher sind, daß „man" nichts davon erfährt oder daß man ihnen nichts anhaben kann. Die Angst gilt nicht dem bösen Tun und der Tat als solcher, die Angst gilt allein der Entdeckung dieser Tat und den Konsequenzen, die das Entdeckthaben bei den anderen, bei der Gesellschaft usw. auslöst. Nicht die Moral, der „Skandal" ist das entscheidende Kriterium.

Eine Änderung in diesem Verhalten tritt erst ein, wenn die Autorität des Vaters, der Eltern, der Gesellschaft, durch die Aufrichtung des sogenannten „Über-Ich" verwirklicht wird. Damit wird das Gewissen und seine Funktion auf eine neue Stufe gehoben; im Grunde sollte man erst jetzt vom Gewissen und vom Schuldgefühl sprechen.

Jetzt entfällt auch die Angst vor dem Entdecktwerden und vollends der Unterschied zwischen Böses tun und Böses wollen. Denn vor dem Über-Ich kann ich nichts verbergen, auch nicht meinen Willen und meine Absicht. Die neue Autorität des „Über-Ich" hätte an sich kein Motiv und keinen Anlaß, das Ich, mit dem es so sehr verbunden ist, zu mißhandeln in der Form des bösen Gewissens; aber – so sagt Freud – der Einfluß der Kindheit, der Vergangenheit, der Einfluß der Genese, lebt weiter. Er läßt das Überwundene weiterleben. Dies äußert sich darin, daß die Situation des Menschen im Grunde so bleibt, wie sie von Anfang an war. Das Über-Ich des Menschen peinigt das sündige Ich mit der gleichen Angstempfindung und lauert auf Gelegenheiten, es von der Außenwelt strafen zu lassen. So erklärt Freud das Gewissen und sein Phänomen und seine verschiedenen Formen der Reaktion.

Auf dieser Entwicklungsstufe zeigt das Gewissen eine Eigentümlichkeit, die nicht leicht zu erklären ist. „Es benimmt sich um so strenger und mißtrauischer, je tugendhafter der Mensch ist, so daß am Ende gerade diejenigen, die es in der Heiligkeit am weitesten gebracht haben, sich der ärgsten Sündhaftigkeit beschuldigen ... Solange es dem Menschen gut geht, ist auch sein Gewissen milde und läßt dem Ich allerlei angehen; wenn ihn ein Unglück getroffen hat, hält er Einkehr in sich, erkennt er seine Sündhaftigkeit, steigert seine Gewissensansprüche, legt sich Enthaltungen auf und straft sich durch Büßen. Ganze Völker haben sich ebenso benommen und benehmen sich noch immer so. Aber das erklärt sich aus der infantilen Stufe des Gewissens, die nach der Introjektion ins Über-Ich nicht verlassen wird, sondern neben und hinter ihr fortbesteht. Das Schicksal wird als Ersatz der Elterninstanz angesehen; wenn man Unglück hat, bedeutet es, daß man von dieser höchsten Macht nicht mehr geliebt und von diesem Liebesverlust bedroht wird." Das wird besonders deutlich, wenn man im streng religiösen Sinn im Schicksal den Ausdruck des göttlichen Willens erkennt. Das Gewissen ist – ohne Illusion gesehen – der Ort, wo fremder Einfluß fühlbar wird. Es ist der Einfluß des Vaters mit seiner Macht und Autorität, dessen Liebesverlust man fürchtet. Dieser Ursprung von Anfang an bleibt bestehen und wirkt noch nach, auch wo an die Stelle des Vaters die Gesellschaft tritt, ja sie bleibt noch erhalten in der Verinnerlichung des Vaterbildes, in der Gestalt des mit dem Ich verbundenen Über-Ich und der davon ausgehenden Forderungen.

Auf jeden Fall: Die religiöse, mit Berufung auf Gott gegebene Deutung des Gewissens und seiner Funktion erweist sich als Illusion. Der Gott des Menschen ist in Wahrheit die übersteigerte Gestalt eines Vaters, der droht, der verbietet, der aber auch liebt und tröstet und der den Menschen mit der Härte des Lebens auszusöhnen vermag. Aber dieser Vater ist kein Gott, er ist im Menschen als Individuum oder als Gemeinschaft oder als Über-Ich anwesend. Gott ist im Grund ein seelisches Phänomen, das im Bereich des Unbewußten zu Hause ist, das durch die Analyse zum Bewußtsein gebracht wurde.

Diese aufgrund der Psychoanalyse gewonnenen Ergebnisse werden von Freud verbreitert und universalisiert durch die Einbeziehung und Deutung der Religionsgeschichte, vor allem der von Freud bedachten primitiven Religionen. Zeugnis dieser Bemühung ist Freuds Werk

„Totem und Tabu" (1912) und das Spätwerk „Der Mann Moses und die monotheistische Religion" (1937–39).

Damit will Freud auf der Ebene der Gesamtmenschheit jenes Äquivalent entdecken, das er in der individuellen und persönlichen Psyche seiner Patienten gefunden hat und immer neu findet. Dahinter steht die These, daß die Ontogenese die Wiederholung der Phylogenese sei.

Auf Grund der zu seiner Zeit bekannten religionsgeschichtlichen Forschung sucht Freud nach dem Mythus der Ursprünge der Menschheit, die auch Ursprünge des Menschen sind, und er glaubt, daß darin seine Grundthese bestätigt wird. Was die frühe Kindheit beherrscht – nach Freud der Ursprung aller neurotischen Konflikte –, ist ein Schlüssel zum Verständnis der ebenfalls als Kindheit zu qualifizierenden primitiven Religionen der Menschheit, die sich mit den Kategorien des Tabu, des Totem, des Fetisch beschreiben lassen. Umgekehrt ist das Studium der Religionen ein Schlüssel zum Verständnis der den einzelnen Menschen und seine Psyche, vor allem sein Unbewußtes bestimmenden Faktoren. Freud findet in den Primitivreligionen vor allem die Gestalt des sogenannten „Urvaters" oder des Urhordenvaters, der eine überragende Rolle spielt. Dieses Ergebnis war für Freud eine willkommene Bestätigung des psychoanalytisch Erkannten: des Vaterbildes, in das hinein der Mensch die Funktionen und Verhaltensweisen seines sogenannten Gewissens imaginiert. Darüber hinaus brachte für Freud das Studium der Totemreligion noch eine weitere Differenzierung und Anreicherung. Freud glaubte, durch die psychoanalytische Interpretation eines der Hauptrátsel der Totemreligion lösen zu können. Dieses besteht darin, daß ein bestimmtes Tier als heilig galt und höchste Verehrung genoß, aber zugleich geschlachtet und in feierlicher Mahlzeit verzehrt wurde. Nach Freud bestand kein Zweifel daran, daß das Totemtier ein Ersatz für einen prähistorischen mächtigen Ur- oder Urhordenvater ist. Gegen ihn – so deutet Freud diesen Ritus weiter – haben sich die

Söhne einst erhoben und haben den Vater getötet. Die schuldhaften Erinnerungsspuren an diese Bluttat brachten sie später dazu, ihn sich wieder in einem sühnegewährenden Kultus einzuverleiben. „Die Totemreligion war aus dem Schuldbewußtsein der Söhne hervorgegangen als Versuch, dieses Gefühl zu beschwichtigen und den beleidigten Vater durch den nachträglichen Gehorsam zu versöhnen. Sie macht es zur Pflicht, das Verbrechen des Vatermords, in der Opferung des Totemtieres, immer wieder von neuem zu wiederholen."

Diesen Thesen aus dem Bereich der Totemreligion, der primitiven Religionen, gibt Freud noch einmal eine Bestätigung und Verstärkung durch die von ihm vorgenommene Analyse der Gestalt des Moses in seinem bereits genannten Spätwerk „Der Mann Moses und die monotheistische Religion". Freud gibt dazu eine Interpretation, die höchst merkwürdig anmutet. Er geht davon aus, daß in der Gestalt des Moses zwei Quellen zusammenfließen: ein ägyptischer Moses, der den universalen Gott Aton verkündete, und ein midianitischer Moses, der „dem auf dem Götterberg hausenden Feuerdämon Jahwe" dient. Der Ägypter Moses begann – so Freud – sein Leben damit, daß er seine Stellung am ägyptischen Hof verließ und sich den Kindern Israels zuwandte, sie auf den Monotheismus der Aton-Religion verpflichtete, aus der alles Mythische, Magische und Zauberische ausgeschlossen war. Damit prägte Moses den Charakter des jüdischen Volkes auf die Dauer durch jene Züge, die dieses Volk auszeichnen: durch die Ablehnung von Magie und Mythos, durch die Anregung zu Fortschritten in der Geistigkeit, durch die Aufforderung zu Sublimierungen. Das Volk gelangte – durch den Besitz der Wahrheit beseligt – zum Bewußtsein seiner Auserwähltheit und zur Hochschätzung des Geistigen, zur Betonung des Ethischen. Aber – das ist der weitere Gang der Handlung oder die andere Quelle, die Freud entdeckt haben will – das widerspenstige Volk tötet den Propheten, seinen Führer Moses, und ist seitdem mit dem

Stigma des Prophetenmordes als des Vatermordes behaftet. Diese Tat führt in der israelitischen Geschichte zu einem ausgeprägten Schuldgefühl. Aus ihm entstand die Religion der Sühne, der Sühne für diese Untat in der Form der Opfer, vor allem der Tieropfer. Diese Momente bestimmen nach Freud die Eigenart der Religion Israels und sind eine auf einer höheren Stufe gefundene Bestätigung seiner Grundthese von „Totem und Tabu“. Alle Religionen sind nach diesem Grundschema gebaut, auch die christliche Religion, in deren Mitte der Tod Jesu steht. Alle Religionen sind nach Freud vielfältige Lösungsversuche desselben Problems: des Urhordenvaters, des Mordes an ihm und des Versuches, die Schuld dafür zu sühnen.

Das Fazit, das Freud aus diesen vielfältigen Überlegungen zieht, lautet: Die religiösen Phänomene sind naiv und primitiv, sie sind Zeichen der Schwäche und der Unwissenheit; zugleich sind die Phänomene, die vor dem Forum der Vernunft und der Aufklärung nicht bestehen und sich nicht legitimieren lassen können; sie widersprechen in gleicher Weise der Vernunft und der Erfahrung.

Freuds eigene Aufgabe bestand darin, zu sehen und sehen zu lassen, daß die in der Kindheit des Menschen und der Menschheit liegende jenseitige Realität in der Gestalt des erhöhten Vaters in den Rahmen zurückgeholt wird, in den sie gehört und in dem sie ihre Wahrheit hat: in der Psychologie des Unbewußten. Aus der Metaphysik wird nun die Metapsychologie. Das Unbewußte ist die wahre, bisher falsch verstandene Transzendenz des Menschen.

Ein weiterer Ansatzpunkt zur Interpretation und zur Kritik der Religion, die als Konsequenz zum Atheismus führt, liegt für Freud in dem, was er Illusion nennt; und zwar Illusion im fachspezifischen Sinn, den er vor allem in seinem Buch „Das Ende einer Illusion“ zugrunde legt. Es ist die Entwicklung, die Freud aus den Analysen der Träume und der Traumbildung gewinnt. Dabei erkennt er, daß die Wunscherfüllung die eigentlich bewegende Kraft der Traumbildung ist. Er findet denselben Vorgang

– und damit schließt sich für ihn wiederum der Kreis – in den für ihn entscheidenden Tatsachen und Erscheinungen der Kindheitsstufe des Menschen. Diese besteht darin, daß versucht wird, die Welt, genauer die Sinnenwelt, in die der Mensch gestellt ist, durch die Wunschwelt zu bewältigen. Auf dieser Grundlage erwächst für Freud die Deutung der menschlichen Existenz als der Möglichkeit, sich entweder für das „Lustprinzip" zu entscheiden und damit in der Vorherrschaft der Wünsche verhaftet zu bleiben oder zum „Realitätsprinzip" fortzuschreiten und sich auf die Wirklichkeit einzulassen. Der Weg der menschlichen Reifung ist der Weg einer fortschreitenden Eindämmung des Lustprinzips oder des Wunschdenkens zugunsten des Realitätsprinzips.

Diese Erkenntnis dient Freud auch zur Analyse und zur Kritik der Religion: Religion fällt für ihn unter die Kategorie der Wunschvorstellung. In diesem Sinn ist Religion Illusion. „Ein Glaube ist dann und darum eine Illusion, wenn und weil sich in seiner Motivierung die Wunscherfüllung vordrängt, weil sie sich aus menschlichen Wünschen ableitet, weil in ihr der Mensch stärker dem Lustprinzip als dem Realitätsprinzip gehorcht – das ist die Welt der Religion." Eine Illusion in diesem Sinn ist nicht dasselbe wie Irrtum, sie muß auch nicht notwendig Irrtum sein. „Es ist möglich" – so Freud –, „daß sie tatsächlich wahr ist oder wahr sein könnte, aber es besteht kein vernünftiger Grund anzunehmen, sie sei wahr oder werde eines Tages wahr werden." Freud erwähnt das Beispiel des bürgerlichen Mädchens, das sich einbildet, ein Prinz würde eines Tages kommen und sie heiraten. „Das ist" – sagt Freud – „nicht ganz unmöglich, aber es gibt keinen realen Grund, einen solchen Glauben zu stützen."

Im Bereich der Religion erblickt Freud „die Erfüllung der ältesten, der stärksten und der eindringlichsten Wünsche der Menschheit. Im Bereich der Religion ist es so und geht es so zu, wie wir es uns wünschen. Das ist das Feld der Religion." Freud fährt fort: „Es wäre ja sehr schön, wenn es einen Gott gäbe als Weltenschöpfer und gütige Vorsehung, eine sittliche Weltordnung und ein jenseitiges Wesen, aber es ist sehr auffällig, daß dies alles nicht so ist, wie wir es uns wünschen müssen." Es wäre noch sonderbarer, wenn „unsere armen, unwissenden, unfreien Vorväter die Lösung all dieser schwierigen Welträtsel gefunden haben sollten. Das kann und darf nicht wahr sein!" Deshalb werden nur die Schwachen und die Unwissenden an dieser Konzeption des Wunsches und der Wunschwelt festhalten. Das in der Religion zum Ausdruck kommende Wunschdenken ist nach Freud so offenkundig, infantil und wirklichkeitsfremd, daß es schmerzlich wird zu denken, die große Mehrheit der Sterblichen werde sich niemals über diese Auffassung des Lebens erheben können. Freud fordert demgegenüber die Haltung und die Erziehung zur Realität, zur Einsicht, zur Aufklärung. Der Mensch kann nicht ewig Kind bleiben, die Erfahrung sagt uns: „Die Welt ist keine Kinderstube."

Noch in seinem letzten Werk, in den Vorlesungen „Zur Einführung in die Psychoanalyse", schreibt Freud: „Die Religion ist ein Versuch, die Sinnenwelt mittels der Wunschwelt zu bewältigen. Aber sie kann es nicht leisten. Ihre Lehren tragen das Gepräge der Zeiten, in denen sie entstanden sind: der unwissenden Kinder und des unwissenden Kindeszeitalters der Menschheit. Versucht man die Religion in den Entwicklungsgang der Menschheit einzureihen, so erscheint sie als das Gegenstück der Neurose, die der einzelne Kulturmensch auf seinem Weg von der Kindheit zur Reife durchzumachen und zu überwinden hat."

Auch in diesem Prozeß gibt es den schon öfters genannten und mit immer neuem Kontext versehenen Vorgang, die Erwartungen vom Jenseits, von der Transzendenz abzuziehen und der irdischen Wirklichkeit zuzuwenden im vollen Einsatz durch den Menschen selbst. Dies geschieht durch den „Gott Logos", durch die Wissenschaft, durch die Kraft und den Auftrag, Realität zu erschließen. „Unser Gott Logos wird von diesen Wünschen verwirklichen, was die Natur uns gestattet. Die wissenschaftliche Arbeit ist der einzige Weg, der zur Erkenntnis der Realität außer uns führen kann. Diese Wissenschaft ist keine Illusion. Eine Illusion wäre es, zu glauben, daß wir anderswoher bekommen könnten, was sie uns nicht geben kann."

Die Wirklichkeit, zu der Freud erziehen will und die er an die Stelle der religiösen Illusion setzt, ist sehr nüchtern. Viel nüchterner, als wir es bei Ludwig Feuerbach oder auch bei Ernst Bloch finden. Daß der Fortschritt in den Naturwissenschaften ein Fortschritt im Sinn eines größeren Glücks der Menschen sei, kann Freud nicht finden, an diesen Fortschritt der Wissenschaft vermag er nicht zu glauben. Die Hoffnung auf eine fortschreitende Humanisierung durch Wissenschaft vermag er sich nicht zu eigen zu machen. Freud sieht den Menschen in der Zukunft immer mehr in der Gestalt des Prothesengottes: Der Mensch legt sich alle möglichen Hilfsorgane an, aber er kann nicht damit umgehen, weil er damit nicht gehen kann. Freud sagt: „Der ideale Zustand wäre eine Gemeinschaft von Menschen, die ihr Triebleben der Diktatur der Vernunft unterworfen haben. Aber dies ist höchstwahrscheinlich eine utopische Hoffnung." Denn rein vernünftige Motive richten auch beim heutigen Menschen gegen leidenschaftliche Antriebe wenig aus. Die Wirklichkeit des Menschen ist bestimmt durch die angeborene Neigung zum Bösen, zur Aggression, zur Destruktion.

Die von Freud verlangte Orientierung an der Realität faßt die gegebene Situation unserer Zeit mit äußerster Schärfe ins Auge und stellt dabei fest (so schließt die Schrift „Das Unbehagen in der Kultur"): „Die Schicksalsfrage der Menschheit scheint mir zu sein, ob und in welchem Maß es ihrer Kulturentwicklung gelingen wird, der Störung des Zusammenlebens durch den menschlichen Aggressions- und Selbstvernichtungstrieb Herr zu werden. Die Menschen haben es bis jetzt in der Beherrschung der Naturkraft so weit gebracht, daß sie es mit deren Hilfe leicht haben, einander bis auf den letzten Mann auszurotten. Sie wissen das – daher ein gutes Stück ihrer Unruhe, ihres Unglücks, ihrer Angststimmung. Nun ist zu erwarten, daß die andere der beiden „himmlischen Mächte", nämlich der ewige Eros, eine Anstrengung machen wird, um sich im Kampf mit seinem ebenso unsterblichen Gegner zu behaupten. Aber wer kann den Erfolg und den Ausweg voraussehen?"

Damit stellt Freud eine Weiche für die kommende Kulturentwicklung, er gibt ihr auch eine Interpretation: „Ihr Sinn kann weder in einer kontinuierlichen Aufwärtsentwicklung noch in einer ewigen Wiederkehr des Gleichen gesehen werden, sondern in dem Kampf zwischen Eros und Tod, zwischen Leben und Destruktionstrieb."

So wird für Freud die Liebe zu einem von der Wissenschaft völlig unabhängigen Lebensziel. Diesem Neuen der Liebe fühlt sich Freud mit seinem späten Lebenswerk verpflichtet. Er stellt es unter das Stichwort „Heilung durch Liebe" und sieht darin die Aufgabe und Chance unserer Zeit.

Aber auch und eben dieses große Ziel „Heilung durch Liebe" kann nach Freud nur erreicht werden, wenn sie ohne Illusion geschieht, ohne die Illusion dessen, was mit Religion und mit Gott gemeint ist.

Gottesvergiftung

Tilmann Moser

Der von dem Psychotherapeuten *Tilmann Moser* proklamierte Abschied von Gott spricht sich nicht primär in einer Leugnung Gottes aus, sondern in einer ebenso leidenschaftlichen, wie literarisch bestechenden Anklage. Seine Schrift „Gottesvergiftung" (1989) hat eine überaus große Wirkung hervorgebracht. Gott wird als Krankheit und als Gift empfunden.

Die Anfänge des Buches geben einen Eindruck vom Ganzen. Dort heißt es: „Gott, ich möchte mit einem Fluch beginnen, oder mit einer Beschimpfung, die mir bald Erleichterung brächte. Eine Art innere Explosion müßte es werden, die dich zerfetzte. Ich wäre dann nicht nur dich, sondern auch diese elende Beschämung los, mich noch einmal mit dir beschäftigen zu müssen. Ich dachte, du wärst tot, begraben, zumindest aber vergessen oder wärst mir gleichgültig geworden. Du warst eine solche Enttäuschung, ein solcher Betrug in meinem Leben, daß ich, als ich ganz allmählich und unter Qualen dahinterkam, dich links liegen ließ. Nicht daß du als Person überlebt hättest, als ein faßliches Gegenüber. Du warst einst so fürchterlich real, neben Vater und Mutter die wichtigste Figur in meinem Kinderleben. Nein, obwohl es mich wundert, wie leicht es mir fällt, dich immer noch so direkt anreden zu können. Du hast überlebt in meiner seelischen Struktur: ganze Gewölbe, Verehrungsthrone, innere Zimmer- und Kapellenfluchten wurden für dich angelegt. Du haustest in mir wie ein Gift, von dem sich der Körper nie befreien konnte. Du wohntest in mir als mein Selbsthaß. Du bist in mich eingezogen wie eine schwer heilbare Krankheit, als mein Körper und meine Seele klein waren. Beide wurden, entgegen einer freieren Bestimmung, zu deiner Wohnung gemacht, und ich war so stolz, daß du auch in mir kleinem Jungen Wohnung nehmen würdest. Es gab Jahre, wo ich dir mein Leben weihen wollte, wo zwischen dir und mir verhandelt wurde über einen Erwählungsvertrag. Du hast schon ganz früh mit meinem Größenwahn gespielt, ihn genährt, ihn an geheiligten Vorbildern gesteigert, die mir in deinem Namen vor Augen gehalten wurden. Ich habe dir so schreckliche Opfer gebracht an Fröhlichkeit, Freude an mir und anderen, oder dem Kampf darum, ein Quentchen Geliebtsein vielleicht, vielleicht ein Quentchen weniger Verdammnis.

Weil ich dich insgeheim haßte um der Demütigungen willen, die ich auf mich nahm, um dir zu gefallen, um deine Gunst zu erwerben oder auch nur um deine Ungunst zu vermeiden, mußte ich dich immer mehr verehren, dich immer inständiger anflehen, an mir doch ein wenig Wohlgefallen zu finden. Und so bist du immer wirklicher geworden, einfach deshalb, weil du mich, aus vielen Gründen, nicht gemocht hast. Ich habe unter niemandem so gelitten in meinem Leben wie unter deiner mir aufgezwungenen Existenz. Indem ich dir zeige, wie du als Krankheit ich mich eingezogen bist, und als Krankheit fast über mich hinweggewachsen wärst, hoffe ich, mich ein Stück weit von dir heilen zu können. Ich weiß, daß du in den Narben, falls ich dich aus mir vertreiben kann, bis zu meinem Tode hausen wirst. Sie werden mich beißen, und du wirst mich noch mit Phantomschmerzen quälen, wenn du längst wegamputiert bist.

Ein Teil meines Hasses auf meine Familie rührt daher, daß sie mir die Gotteskrankheit eingegeben hat. Du wurdest mir eingeträufelt, kaum daß die ersten Zeichen der Empfänglichkeit, der Verwundbarkeit sichtbar wurden. Das Anwachsen der Krankheit wurde, alter Familientradition gemäß, mit Freude betrachtet. Sie haben das Wuchern der Tumore in meiner Seele nach dem Kalender des Kirchenjahres verfolgt und gefeiert. Die Feste waren die Höhepunkte des Krankheitsverlaufs. Und ich will dir auch gleich sagen, warum ich so gierig war nach dir, oder wehrlos gegen dieses Wuchern. Der Humus, auf dem du wachsen konntest, war kindliches Unglück. Und wäre auch nur ein Hauch von Ehrgefühl in dir, du würdest schamrot werden, wenn ich dir klarmache, was die wirklichen Bedingungen deines Wachstums in mir waren, du Konkursverwalter der Liebe, des Unglücks, der mißlingenden Menschlichkeit."

Diese Anklagen durchziehen in immer neuen Varianten das ganze Buch, etwa so: Du hast aus mir eine „keuchende

Ratte“ gemacht, „die ihre Tretmühle in wachsender Panik immer schneller tritt“. Du hast aus mir eine „Gottesratte gemacht, ein angstgejagtes Tier, in einem Experiment ohne Ausweg“. „Du warst das permanente Zusatzangebot im Lächeln der Eltern, in ihren Sorgen und die waren riesig. Soweit ich das Menschliche, Zugewandte, Hoffnungsvolle der Eltern erfassen wollte, mußte ich dich mitessen und mittrinken, weil auch sie schon abgespeist worden waren mit dir oder dem Dienst an dir.“

„Weil ich dir nicht in die Augen sehen konnte, habe ich nicht gemerkt, daß du tot bist. Ich habe einen Toten verehrt, der immer mächtiger wurde in mir. Anders kann ich mir die Beschämung nicht erklären, die über mich kam, als ich endlich widerwillig merkte, daß du seit langem keine Lebenszeichen mehr von dir gabst.“ „Du gedeihst in den Hohlräumen sozialer Ohnmacht und Unwissenheit. Du blühst aus der Lebensangst meiner Vorfahren, aus allem Unverstandenem, das sie heimgesucht hat, vor allem aber: aus ihrer Ungeborgenheit, aus ihren seelischen Entbehrungen, gegen die sie dich wie eine riesige Plombe auf einen faulen Zahn gesetzt haben.“

„An meinem Haß bist du groß geworden. Je mehr ich meine Mutter haßte wegen ihres Verrats, weil sie mich, als ich ein halbes Jahr alt war, in Pflege weggeben mußte, da mein Vater krank geworden war; je mehr ich meinen Vater haßte, weil er krank war, und die Brüder, weil sie sich breitmachten, desto größer mußtest du werden, um diesen Haß in Schach zu halten. Ich habe dich aufgepumpt, ebenso mit Wut wie mit Zuneigung. Und an meinen Strafängsten bist du groß geworden. Ich brauchte dich Gottesgebirge als Schutzwall gegen meine Vernichtungswünsche. Du hast den Kreis nie hilfreich durchbrochen, sondern dich an meiner Not geweidet. Vielen, die dich rühmten und deine Wirklichkeit und Lebendigkeit beteuerten, magst du nicht so bedrohlich erschienen sein wie mir, ich aber konnte mit niemandem reden über dich, sondern nur mit dir, oder zu dir, dem

Stummen. Über so lange dunkle Jahre warst du mir die letzte Instanz.

Dir verdanke ich die schrecklichste Dimension: sich verworfen fühlen. Seit einigen Jahren kann ich über lange Zeit verschont bleiben von dieser Erfahrung, doch bei bestimmten Formen liebloser Kritik bricht sie über mich herein. Dann öffnen sich in mir unkontrollierbare Schleusen, und du scheinst dieses Gefühl noch heute aus giftigen Kübeln über mir auszuschütten. Ich denke dann: Keiner kann mich je lieben, und mein Leben ist im tiefsten Grunde vergeblich. Seit ich angefangen habe, dich mühsam zu durchschauen, bin ich eine Spur widerstandsfähiger gegenüber deinen heimtückischen Attacken oder den Spätfolgen deiner Herrschaft.

Solange ich gefleht habe: ‚Herr, wende dich nicht ab von mir!', habe ich dich gestärkt in deiner erbarmungslosen Mächtigkeit, die nur zu mildern gewesen wäre durch die Unterwerfung: Gott, sei mir armen Sünder gnädig. Später dachte ich, man habe mich eben einfach getäuscht wie so viele schon, und wandte mich ab. Aber du steckst, obwohl du bereits tot warst, als man mich mit dir vergiftete, in der inneren Struktur, und ich wußte lange keine Gegenwehr, wenn ich unbemerkt auf manche Institutionen Teile deiner Macht übertragen habe. Dann dachte ich, ich kann nicht glücklich sein, wenn mich Menschen an leitender Stelle in diesen Institutionen ablehnen, und es überfiel mich etwas von jenem alten Gefühl der Verworfenheit. Manchmal fürchte ich, du könntest mich so weit gebracht haben, daß ich im Ernstfall, wenn es um einen Widerstand auf Leben und Tod gehen sollte, nehmen wir an gegen einen unmenschlichen, diktatorischen Feind, nicht fähig wäre, den absoluten Zorn oder die Ungnade des Mächtigen zu ertragen. Ich fürchte, du hast mich korrupt gemacht, weil ich auf deine Zustimmung und Gnade nicht verzichten konnte. Ich habe lange Zeit die Dimension der Verworfenheit zu verdrängen gesucht. Jetzt, da ich dir nachgehe in den Schlupfwinkeln meiner Seele, merke ich, ich kann erst frei sein, wenn ich es ganz ertragen kann, von dir nicht geliebt zu werden, selbst wenn es dich gar nicht gibt …

Wenn du in mir wütest, kommt kein Trost von außen an mich heran. Es geht mir erst besser, wenn ich gegen dich wüte, und mit diesem Brief habe ich endlich ein Mittel in der Hand, deine Überfälle abzuwehren. Wenn ich mich nicht wehre, oder, was viel häufiger ist, wenn ich mich quäle, ohne zu merken, daß du mich quälst, oder mich von anderen quälen lasse, ohne zu merken, daß sie im Grunde deine Stimme und dein Gewicht annehmen, dann kannst du dich von meinem Selbsthaß nähren, der doch nichts anderes ist als das Abbild deines Gesichts in mir oder deiner Fratze, die mir keiner rechtzeitig gedeutet hat. Aber so viel weiß ich heute: Es ist ungeheuerlich, wenn Eltern zum Zwecke der Erziehung mit dir paktieren, dich zu Hilfe nehmen bei der Einschüchterung wie bei der Vermittlung fiktiver Geborgenheit. Es ist genauso ungeheuerlich, wie wenn dich Herrschende zu Hilfe nehmen bei der Knechtung ihrer Völker. Aber deine Geschichte ist ja nichts anderes als die Geschichte deines Mißbrauchs. Du bist ein Geschöpf des Mißbrauchs menschlicher Gefühle. Ich weiß, das haben dir inzwischen viele gesagt, ich will es trotzdem noch einmal vor dich hinschleudern, weil ich weiß, wie viele gleich mir noch immer an dir leiden. Für viele meiner Generation bist du jedenfalls immer noch die Quelle gebrochener Unterwürfigkeit und quälender Selbstzweifel, auch wenn sie es schon gar nicht mehr wissen."

II

Versuch einer Antwort

In mehreren, sehr verschiedenen Modellen wurde die Frage „Abschied von Gott?" vorgestellt. Dies geschah nicht um der Anhäufung willen, sondern um ein Gespür für die Vielfalt und Vielseitigkeit der Frage zu gewinnen, ein Gespür auch für die verschiedenen Motive und Gründe, aus denen die Frage entsteht und entsprechend beantwortet wird. Dabei ist auch klargeworden, daß mit der Frage „Abschied von Gott?" nicht immer der gleiche Sinn und Inhalt verbunden wurde.

Wir versuchen im folgenden, auf die mitgeteilten Texte, auf die darin ausgesprochenen Herausforderungen eine Antwort zu geben.

Dies soll zunächst so geschehen, daß wir die Texte nach Sinn, Zusammenhang und Motiv zu verstehen, ferner daß wir das Bedenkenswerte und Berechtigte der Fragen zu erheben suchen. In einem zweiten Ansatz sollen Fragen an diese Fragen gestellt werden. Vor allem sollen sie in der Weise geprüft werden, ob die Aussagen, Behauptungen und Konsequenzen so sind, wie sie sich darstellen, ob sie begründet sind, ob die in ihnen gemachten Ansprüche und Behauptungen zu Recht bestehen.

In einem abschließenden Teil soll versucht werden, die Grundzüge und Elemente einer Antwort auf die Fragen unseres Themas zu geben.

Kommentar zu Jean Paul

Zu der Dichtung von Jean Paul: „Von der Rede des toten Christus vom Weltgebäude herab, daß kein Gott sei" ist bereits das Wichtigste und Notwendigste gesagt worden. Vor allem dies, daß hier ein Traum erzählt wird, daß aber weder die Frage in der Schwebe gehalten noch eine Behauptung im Sinn von „Gott ist tot" – „Abschied von Gott?" aufgestellt wird. Der Traum bringt vielmehr die – irreale – Vorstellung der Rede des toten Christus, daß kein Gott sei, und die aus dieser angenommenen Behauptung sich ergebenden unheimlichen, beängstigenden Konsequenzen für Welt und Dasein zur Sprache und zu Gesicht. Dies geschieht gleichsam als Hilfe – fast im Sinn einer Schocktherapie –, wenn im Geist und Herzen des Menschen – als Gefahr und Versuchung – der Gedanke vom Tod Gottes auftauchen sollte. Das wäre nach Jean Paul der Fall, wenn Geist und Herz des Menschen völlig leer und ausgebrannt sein sollten. Der Sinn dieser Vision und dieses Traums ist deshalb eindeutig: das Erwachen, daß die hier geschilderten Abgründe und Schrecken den gespenstischen Hintergrund abgeben, der den Glauben an den Gott, der lebt, und an den Christus, der von den Toten auferstanden ist und die Seinen „nicht als Waisen zurückläßt“, um so heller erstrahlen und das Licht dieser Wahrheit um so eindrucksvoller leuchten läßt.

Deshalb gehört Jean Pauls Vision bereits zu den Antworten, die auf die Frage „Gott ist tot?“ zu geben sind. Es ist eine Antwort, die sich den beängstigenden Konsequenzen dieser Möglichkeit ausgesetzt hat und im Schrecken darüber zu sich selbst erwacht ist. Diese Antwort ist auch und gerade heute gültig, wo die von Jean Paul als Traum und Vision geschilderten Folgen des „Abschieds von Gott“ Ereignis geworden sind. Von dieser Antwort bleibt zu hoffen, daß sie heute ihrerseits nicht als Traum und Vision abgetan wird, sondern erst recht als Wahrheit und Realität, als die größere Realität empfunden wird.

Kommentar zu Feuerbach und Marx

Die von *Feuerbach* und *Marx* vorgenommene „Entlarvung“ Gottes als Nichts, als Schöpfung der Phantasie, als Wunschgebilde, dem keinerlei Realität zukommt, als Spiegelung eines anderen, bestimmter menschlicher oder gesellschaftlicher und ökonomischer Zustände: „Der arme Mann hat einen reichen Gott“, als lähmendes und zugleich rauschhaft wirkendes Opiat, beantwortet die Frage: „Abschied von Gott?“ mit einem klaren Ja. Obwohl Gott nie lebte – außer in der Vorstellung, im Wunschdenken des Menschen, der leben und sich vollenden will –, geht auch dieses – imaginäre – nur in der Phantasie existierende Leben Gottes zu Ende, weil die eigentlichen Zusammenhänge und Hintergründe der Gottesvorstellung aufgedeckt sind, weil der Mensch zu sich selbst erwacht ist. Er erkennt und verwirklicht in sich selbst, was er bisher an den Himmel verschleuderte, was fälschlicherweise und zu Unrecht Gott zugeschrieben wurde: Der Mensch ist der Gott des Menschen.

Der imaginäre Gott wird sterben und ist tot, sobald die Voraussetzungen psychologischer, gesellschaftlicher und ökonomischer Art geschaffen sind, die der Möglichkeit Gottes jedes Fundament entziehen. Gott, der nie lebte außer in der Vorstellung einer bestimmten gesellschaftlichen Epoche, die durch das Verhältnis von Herren und Sklaven, durch die darin gründende Selbstentfremdung der Menschen, geprägt war, hebt sich selbst auf durch die revolutionäre Änderung der Zustände, in denen es nur noch Menschen gibt, die niemand als sich selbst gehören, die zu sich selbst, zu ihrer Möglichkeit, zu ihrer Freiheit, zu ihrem Schöpfertum gelangt sind.

Was in diesen Aussagen zunächst ausgesprochen wird, ist die unbestreitbare, von der Geschichte und der Psychologie der Religion oft bestätigte Tatsache, daß sich der Mensch ein Bild von Gott macht, eine bestimmte Vorstellung von Gott hat. Mit Feuerbach gesprochen: Der Mensch schafft Gott nach seinem Bild und Gleichnis. Da aber der Mensch vielfältig bedingt ist, da die Geschichte, das Weltbild und die Vorstellungsweise des Menschen sich wandeln, wandelt sich auch die entsprechende Vorstellung, das Bild und Gleichnis von Gott.

Ein weiteres ist dieser von Feuerbach und Marx vorgenommenen „Entlarvung“ zuzugestehen. Der Gottesgedanke, Gottes Wille und Vorsehung, die Religion und ihre Inhalte wurden nicht selten in den Dienst sehr ungöttlicher, unreligiöser menschlicher Interessen und egoistischer Zwecke gestellt. Gott und Religion wurden dafür beansprucht, um das jeweils Bestehende als das Gottgewollte zu rechtfertigen, ja um es zu heiligen als die von Gott gewährte Gelegenheit, damit der Mensch sich darin bewähre. Die sozialen und ökonomischen Unterschiede von Herren und Sklaven, Armen und Reichen wurden als naturgegeben und damit als von Gott verfügte unantastbare Unterschiede erklärt. Es wurde Ergebung in das gegebene Geschick als einzig mögliche, religiöse und christliche Haltung empfohlen. Der Ausblick auf Gott sollte das harte Los im irdischen Jammertal vergessen machen. Es ist, so wurde hinzugefügt, „nicht zu vergleichen mit der künftigen Herrlichkeit".

Zugleich gibt – so argumentierte und wünschte man – der Gedanke an Gott und das Jenseits, an Himmel und Seligkeit, die Gewähr – das ist ein weiteres, das der Religionskritik zuzugestehen ist –, daß an den bestehenden sozialen und wirtschaftlichen Verhältnissen nichts geändert wird. Gewiß ist – nach Marx – die Religion ein Protest gegen das bestehende Unrecht. Aber der Protest ist ohnmächtig, weil er zu keiner revolutionären Tat fähig ist oder fähig macht. Die Gottesvorstellung, die mit räumlich und zeitlich aufgefaßter Jenseitigkeit verbunden wird, läßt die Erde als uneigentlich, nichtig und unwirklich erscheinen. Je eher und schneller sie durchschritten wird, je weniger man sich um sie kümmert und sich bei ihr aufhält, je mehr man hat, „als hätte man nicht", desto mehr – so denkt und sagt man – wird man dem Willen Gottes, der Forderung der Religion und des Christentums gerecht. Aber eben dadurch wird die Verpflichtung für die Welt hintangestellt oder gar verhindert, die Verantwortung dafür, daß die Welt eine des Menschen, eine für alle Menschen würdige Welt sei, wo es keine Herren und keine Privilegien gibt, so daß die bewohnte Erde zur bewohnbaren Erde wird.

Daß der Gottesgedanke, die Religion und der christliche Glaube in dieser Weise geschichtlich verstanden, beansprucht und eben damit mißbraucht wurden, daß die eben genannten Konsequenzen: der ideologischen Bestätigung und Rechtfertigung des Bestehenden, des – göttlichen – Verbotes irgendeiner Veränderung, gezogen wurden, ist nicht zu bestreiten. Ebensowenig die Tatsache, daß eine als bloße Jenseitigkeit verstandene Gottesvorstellung zur Distanz von der Welt, zur Gleichgültigkeit gegen sie führte, zur Entwirklichung vor Gott, der allein wirklich ist, zur Verachtung der Dinge, zur Passivität angesichts dessen, der das höchste Gut und die wahre Glückseligkeit ist.

Insofern haben diese schmerzlichen und unausweichlichen Fragen die Funktion einer Gewissenserforschung, und zugleich einer Reinigung und Läuterung der Religion und des Gottesgedankens von Mißbrauch und ideologischer Inanspruchnahme für ganz andere Zwecke als die der eigentlichen Religion, zu deren Zeichen das Unegoistische, das Selbstlose, das Unverfügbare und Nichtmanipulierbare gehört.

Neben der Anerkennung dieser berechtigten Motive ist indes folgendes zu fragen – wir beginnen mit der Anfangsthese von Feuerbach: Warum kann der Mensch Gott nach seinem Bild und Gleichnis schaffen? Kommt es nicht daher, daß diesem Wort die in der Bibel ausgesprochene Umkehrung vorangeht: Gott schuf den Menschen nach seinem Bild und Gleichnis? Nur deshalb ist es eigentlich und letztlich zu erklären, daß in der Rede von Feuerbach das Wort Gott und göttlich immer wieder begegnet, daß er die Dimension des Unendlichen beansprucht, wenn auch in der Anwendung und Rückbeziehung auf den Menschen. Warum aber muß das *Göttliche* und Unendliche als Prädikat und Eigenschaft des – ungöttlichen, endlichen, begrenzten – Menschen in Anspruch genommen werden? Wie kommt der Mensch dazu, über das Menschliche hinauszugreifen und das, was nur dem Menschen zukommt, mit dem Prädikat Gottes und des Göttlichen zu bestimmen? Warum genügen der empirische Mensch und das bloß Menschliche nicht? Warum soll der Mensch

Gott für den Menschen sein? Warum wird diese – nicht menschliche – den Menschen übersteigende Bestimmung für den Menschen in Beschlag genommen? Gerade von Feuerbach, der sich die Entlarvung vorzunehmen zum Ziel gesetzt hat?

Ferner ist zu sagen: Der Satz, daß der Mensch Gott nach seinem Bild schafft, ist durch den ebenso in der Religion erwiesenen Satz zu ergänzen – im Sinn eines Gegen-Satzes: Daß der Mensch sich Gott *ganz anders* vorstellt als nach des Menschen Bild und Gleichnis, daß er Gott gerade dadurch beschreibt, daß von ihm gesagt wird, daß er ganz anders, daß er der ganz Andere ist, der die Vorstellungen und Entwürfe menschlicher Vorstellung gänzlich übersteigt und im Widerspruch zu ihnen steht. Das kommt in den negativen Beschreibungen: Unendlich – Un-welthaft zum Ausdruck.

Deshalb enthält die *Bibel* ausdrücklich das Gebot:

„Du sollst Dir kein Schnitzbild machen noch irgendein Abbild von dem, was droben im Himmel oder auf der Erde unten oder im Wasser unter der Erde ist."

Damit will gesagt sein: Alle Bilder und Vorstellungen von Gott müssen immer wieder aufgehoben werden, weil Gott in kein Bild eingeht, weil er in keiner Vorstellung zu fassen ist.

Eines aber ist sicher: Der Gott, den *der christliche Glaube* bekennt, ist nicht der Gott menschlicher Vorstellungen und Wunschgebilde, nach des Menschen Bild geschaffen, sondern der Gott, der allem widerstrebt, was menschliche Vorstellung von Gott ausdenken kann: Ein Gott, der das Unscheinbare erwählt, der sich in Armut, in der Ausgestoßenheit, in der Erniedrigung, in der Entäußerung, im Kreuz, im Tod am Kreuz offenbart, ist kein Gott nach des Menschen Vorstellung. Angesichts eines Gottes, der sich in dieser Gestalt zeigt und mitteilt, kann der Mensch nur auf Skandal, Wahnsinn und Narrheit plädieren. Daß der Mensch so reagiert und reagieren wird, sagt schon der Apostel Paulus.

Feuerbach erklärt, weil Gott eine Wunschvorstellung sei, sei seine Nichtexistenz bewiesen. Diese Ableitung ist keineswegs so klar und schlüssig, wie sie zu sein scheint. Wohl ist es richtig: Vom Wunsch und – noch allgemeiner – von der Bedeutung, die etwas für mich hat, darf ich keineswegs auf die Existenz dessen schließen, das für mich bedeutsam ist. Aber ebensowenig darf ich schließen, daß es nicht existieren könne, weil es bedeutsam, weil es die Erfüllung meines Wunsches ist.

Und endlich: Sich ein Bild machen, bestimmte Vorstellungen haben, ist keineswegs dasselbe wie „schaffen", hervorbringen, Realität setzen. Dieser elementare Unterschied gilt auch für die Realität Gottes und das Bild und die Vorstellung von ihr.

Wenn wir aber mit Feuerbach fragen: Kann der Mensch dem Menschen Gott sein? – oder in der Formulierung von Karl Marx: Ist der Mensch dem Menschen das Höchste? Ist ein solcher Anspruch, eine solche Verheißung möglich nach alledem, was wir vom Menschen und von der Menschheit wissen – gerade in unserer Gegenwart –, nachdem wir wissen, zu welcher Unmenschlichkeit dieser Mensch fähig ist in einem Umfang und Ausmaß, wie es zur Zeit von Feuerbach noch gar nicht denkbar war?

Wer – so sagt *Helmut Gollwitzer* – „jahrelang das Transparent über den Toren der Gefangenenlager der Sowjetunion, den Satz von Karl Marx, gelesen hatte: Das höchste Wesen für den Menschen ist der Mensch, hatte Zeit genug, darüber nachzudenken und sich den Widerspruch zwischen dem Wortlaut des Satzes und dem Augenschein um ihn herum nachzuspüren. Wenn der Mensch das höchste Wesen sein soll, wer ist dieser Mensch? Der konkrete Mensch – wieso ist dieser, wieso soll und kann dieser das höchste Wesen für mich sein? Oder ist dieser Mensch der Mensch der Zukunft? Wenn aber dem so ist, dann wird der konkrete Mensch unwichtig, und er kann dann eben nicht das höchste Wesen für den Menschen sein."

Und wie ist es – so ist weiter zu fragen – mit dem Menschen, der ohne einen Menschen ist – verlassen, einsam, verstoßen, entehrt, verurteilt, preisgegeben; wie ist es mit dem Menschen, der in einer Welt lebte, litt und starb, die mit dem Namen Auschwitz oder Archipel Gulag verbunden ist, der ein Opfer des Holocaust wurde? Klingt ihm das nicht wie Hohn: Das höchste Wesen ist dem Menschen der Mensch? Kann daraus nicht die Umkehrung werden: Nichts kann so niedrig, gemein und verworfen, so unmenschlich sein wie der Mensch. Was ist einem Menschen zu sagen, der diese Erfahrung macht, dem alle innermenschlichen Hoffnungen zerschlagen, alle innerweltlichen Erwartungen zunichte werden? Der Frage selbst aber ist nicht auszuweichen, weder durch die Vertuschung noch durch das Verbot der Frage.

Neuer Humanismus?

Ein Humanismus, der im Namen des Menschen Gott den Abschied gibt, beraubt sich selbst seines tiefsten Grundes und seiner eigentlichen Ermöglichung. Nur wenn der Mensch sich selbst überschreitet, nur indem der Mensch ein Maß über sich hat, wird der Mensch zu seiner eigenen Höhe kommen.

Wenn – das ist noch zu bedenken – die vielfältige und in allen Bereichen antreffbare Abhängigkeit des Menschen, die Abhängigkeit von seiner „Natur“, vor allem die Abhängigkeit des Menschen vom Menschen, keine Selbstentfremdung und Entehrung des Menschen ist, warum sollte es dann die Abhängigkeit von einer Realität sein, die höher ist als der Mensch selbst? Könnte es nicht sein, ist es nicht so, daß der Mensch gerade dadurch seine wahre Würde, Ehre und Unantastbarkeit empfängt, die, blickt man auf den Menschen, wie er ist, wie er sich zeigt, wie er vorgefunden wird, allein nicht zu begründen ist?

Ist es nicht, so bleibt weiter zu fragen, eine ungleich größere Degradierung des Menschen als Person, wenn der Mensch in Analogie zum Naturgeschehen gedeutet wird – als Objekt von notwendigen Prozessen, die seiner Verfügung entzogen sind? Als Vollstrecker von Gesetzen, die ihm gesellschaftlich und wirtschaftlich vorgegeben sind?

Die Thesen von der Religion als Opium des Volkes, die von uns früher erwähnten Charakterisierungen von Karl Marx über die politische und soziale Wirksamkeit des Christentums, werden heute selbst innerhalb des Marxismus nicht mehr generell übernommen. Das zu tun gilt als „Vulgärmarxismus". Nach dem heute Wirklichkeit gewordenen Zusammenbruch des Marxismus ist deutlich geworden: Nicht die Religion, der Glaube an Gott, hat sich als Opium des Volkes erwiesen, sondern die Ideologie des Marxismus. Die Religion hat sich als Macht der Veränderung und der Freiheit, als Kraft einer unblutigen Revolution erwiesen.

Man erklärt heute: Die Bezeichnung der Religion als Opium wolle – auch im Sinn von Marx – keine Wesensbestimmung von Religion abgeben, sondern wolle sagen, daß die Religion in bestimmten geschichtlichen Phasen und gesellschaftlichen Verhältnissen sich so dargestellt und ausgewirkt habe und, in diesem Sinn gebraucht, mißbraucht worden sei. Aus einer besseren und gerechteren Geschichtskenntnis wird dieser Gedanke dahingehend differenziert, daß es gerade in der Geschichte der Religion und besonders des Christentums nicht nur die Verbindung von Kirche und Feudalherren, Kirche und Besitzenden, Kirche und Adel, Kirche und Bürgertum gegeben habe, sondern immer wieder auch die dagegen angehenden, sich auflehnenden, protestierenden Gegenbewegungen: die Funktion der Religion als Salz der Erde, den Elan zur Erneuerung und Veränderung anstelle der Beharrung und der Bestätigung, das apokalyptische Element im Gegensatz zum „konstantinischen", die Unterscheidung von Ideologie und Glaube. Die Situation in Lateinamerika hat deutlich gemacht, daß die Religion, konkret die christliche Religion, die in der Befreiungstheologie ihren – gewiß angefochtenen – Ausdruck gefunden hat, die stärkste Kraft der Befreiung zur Freiheit darstellt, die auch zur Neugestaltung der Verhältnisse fähig ist.

Welche Aussage das Christentum vom Menschen gemacht hat, zeigen folgende Thesen des Philosophen *Roger Garaudy:*

„Erstmals wurde im Christentum proklamiert – selbst wenn man aus dem Prinzip noch nicht die Konsequenzen zog –: der Mensch ist von Natur aus kein Sklave. Auch der Sklave ist noch ein Mensch. In den zwischenmenschlichen Beziehungen hört der Mensch auf, ‚Ware zu sein' – das Verhältnis von Mensch zu Mensch hört auf, ein Verhältnis von Sache zu Sache zu sein.

Mit der Geburt des Christentums ertönt erstmals in der Geschichte der Menschen der Ruf nach einer menschlichen Gemeinschaft, die keine Grenzen kennt, nach einer Totalität, die alle Totalitäten in sich schließt."

Von Jesus Christus sagt Garaudy:

„Dieses Leben, dieser Tod, ist uns Menschen, über die zeitbedingte Form des Bildes hinaus, das höchste Modell der Freiheit und der Liebe, der Offenheit für eine unendliche Bestimmung." – „Die wunderbare Konzeption der christlichen Liebe, nach der ich mich selbst nur durch den andern und in ihm verwirklichen kann, ist für mich das höchste Bild, das der Mensch über sich selbst wie über den Sinn seines Lebens entwerfen kann."

Die Größe der Religion besteht nach Garaudy in deren Frage nach dem Menschen, und in der Erweckung der den Menschen bestimmenden Fragen über den Sinn ihres Lebens und ihres Todes, über das Problem ihres Ursprungs und ihres Zieles, über die Forderungen ihres Denkens und ihres Herzens. Die marxistische Kritik verwirft nach Garaudy die illusorischen Antworten und nicht das wirkliche Sehnen, die sie hervorgerufen haben:

„Jenseits der Mythen über den Ursprung, das Ziel und

den Sinn des Lebens, jenseits der entfremdeten Auffassung von Transzendenz und Tod gibt es jene konkrete Dialektik des Endlichen und des Unendlichen, die eine lebendige Wirklichkeit bleibt, vorausgesetzt, daß man sich bewußt ist, daß sie nicht von der Ordnung einer Antwort, sondern von der Ordnung einer Frage ist.“

Die Behauptung endlich, daß der Gottesglaube als solcher in seinen Verheißungen und Forderungen zur Gleichgültigkeit oder zur Geringachtung der Welt führe, ist falsch. Wenn der Glaube faktisch dazu in Anspruch genommen wurde – und dies geschah –, geschah es zu Unrecht. Denn der Mensch wird nach dem christlichen Glauben als Herr der Schöpfung verstanden, um dessentwillen und auf den hin die Welt erschaffen wurde. Dem Menschen ist die Welt verantwortlich anvertraut. Die mündige, weltliche Welt ist eine legitime Frucht des Glaubens an Gott den Schöpfer, der die Welt nicht vergöttlicht, sondern sie in ihr Eigenes hinein freisetzt. Nirgendwo wird von einem solchen Verständnis aus eine Herrschaft von Menschen über Menschen ausgesprochen oder gar legitimiert, vielmehr wird der Mensch dazu eingesetzt und ermächtigt, die Welt, die eine werdende Welt ist, zu ihren Möglichkeiten und Zielen zu führen und die Welt zur bewohnbaren Erde zu machen.

Es gibt dafür keine überzeugendere Dokumentation als die Pastoralkonstitution des Zweiten Vatikanischen Konzils „Die Kirche in der Welt von heute“. Darin heißt es: „Freude und Hoffnung, Trauer und Angst der Menschen von heute, besonders der Armen und Bedrängten aller Art, sind auch Freude und Hoffnung, Trauer und Angst der Jünger Christi. Und es gibt nichts wahrhaft Menschliches, das nicht in ihren Herzen seinen Widerhall fände. Ist doch ihre eigene Gemeinschaft aus Menschen gebildet, die, in Christus geeint, vom Heiligen Geist auf ihre Pilgerschaft zum Reich des Vaters geleitet werden und eine Heilsbotschaft empfangen haben, die allen auszurichten ist. Darum erfährt diese Gemeinschaft sich mit der Menschheit und ihrer Geschichte wirklich engstens verbunden ...

Den Christen liegt es fern, zu glauben, daß die von des Menschen Geist und Kraft geschaffenen Werke einen Gegensatz zu Gottes Macht bilden oder daß das mit Vernunft begabte Geschöpf sozusagen als Rivale dem Schöpfer gegenübertrete. Im Gegenteil, sie sind überzeugt, daß die Siege der Menschheit ein Zeichen der Größe Gottes und die Frucht seines unergründlichen Ratschlusses sind. Je mehr aber die Macht der Menschen wächst, desto mehr weitet sich ihre Verantwortung, sowohl die der einzelnen wie die der Gemeinschaften. Daraus wird klar, daß die christliche Botschaft die Menschen nicht vom Aufbau der Welt ablenkt noch zur Vernachlässigung des Wohls ihrer Mitmenschen hintreibt, sondern sie vielmehr strenger zur Bewältigung dieser Aufgaben verpflichtet.

Als Zeuge und Künder des Glaubens des gesamten in Christus geeinten Volkes Gottes kann das Konzil dessen Verbundenheit, Achtung und Liebe gegenüber der ganzen Menschheitsfamilie, der dieses ja selbst eingefügt ist, nicht beredter bekunden als dadurch, daß es mit ihr in einen Dialog eintritt über all diese verschiedenen Probleme; daß es das Licht des Evangeliums bringt und daß es dem Menschengeschlecht jene Heilskräfte bietet, die die Kirche selbst, vom Heiligen Geist geleitet, von ihrem Gründer empfängt. Es geht um die Rettung der menschlichen Person, es geht um den rechten Aufbau der menschlichen Gesellschaft. Der Mensch also, der eine und ganze Mensch, mit Leib und Seele, Herz und Gewissen, Vernunft und Willen steht im Mittelpunkt unserer Ausführungen."

Der Weltrat der Kirchen hat sich im Sinn und als Auftrag einer umfassenden Ökumene in den Dienst der großen Weltaufgaben: Friede, Gerechtigkeit, Bewahrung der Schöpfung gestellt.

Eine größere Motivation und Impulsgebung für die Welt und den Weltauftrag läßt sich kaum denken.

Kommentar zu Nietzsche

Wir wenden uns dem Satz zu, in den die vielen Worte von *Friedrich Nietzsche,* die er zu dem in Frage stehenden Thema äußerte, gefaßt sind: „Gott ist tot – wir haben ihn getötet."

Wir sagten bereits, daß Nietzsche mit diesem Satz ein Ereignis bezeichnet, das sich in seiner Zeit, deren genauer und scharfsinniger Beobachter er ist, abzeichnet, das aber in seiner vollen Intensität noch aussteht, ferner, daß er sich selbst nicht nur zum Boten und Ansager dieser Tat macht, sondern sich zu ihrem Täter und Vollstrecker erklärt.

Fragen wir, welchen Gott Nietzsche meint, dann ergibt sich eine Antwort durch die mit dem Gedanken vom Tod Gottes verbundene These vom „Nihilismus", den Nietzsche gleichfalls ansagt und bewirken will. Nihilismus bedeutet für Nietzsche, daß die bisher gültigen obersten Werte wie Liebe, Demut, Güte, Ergebung, Mitleid, also die von Nietzsche als typisch „christlich" charakterisierten Werte, „sich entwerten", umgestürzt und durch neue Werte, die des Lebens, der Kraft, der Herrschaft, des Willens zur Macht ersetzt werden, durch das, „was stark macht", ebenso durch die „schenkende Tugend" im Unterschied zu den Tugenden, die, wie er meint, aus dem Ressentiment stammen.

Die Verbindung dieser beiden Gedankengänge vom Tod Gottes und vom Nihilismus macht deutlich, daß Gott insofern verabschiedet und insofern getötet wird, als er der Inbegriff der bisher geltenden Werte ist, also der Gott einer bestimmten Philosophie, einer bestimmten Wertskala, dessen, was Nietzsche „Platonismus" nennt. Wenn Nietzsche selbst eine andere Wertordnung vertritt und sie durch den Umsturz der bisher geltenden Werte begründet, dann erklärt er, um dies auszudrücken, verkürzt, provozierend und schockierend zugleich: „Gott ist tot“, Gott, als Inbegriff, Garant und Grund der bisher üblichen Welt- und Lebensauffassung, der bis jetzt geltenden Werte und Wertordnungen. Einer der neuesten Interpreten von Nietzsche sagt: Mit „Gott ist tot“ ist nicht Gott überhaupt gemeint, sondern der Gott der *metaphysischen Gottesidee* und der in ihr gründenden Lebens- und Existenzform, der Gott als Begründung einer bestimmten Moral mit spezifischen Inhalten und Normen. Nietzsche will die andere, die höhere Moral, die die Erbin der bisherigen sein soll. Aber Erbin kann sie nur sein und werden, wenn das Frühere und Bisherige tot ist. Nietzsche ist deshalb – nach dieser Deutung – weder Antichrist noch Gottsucher, sondern der Kritiker des „christlichen Bewußtseins“.

Ferner geht es bei Nietzsche, wie er selbst sagt, um den Gott, der vom Menschen aus Furcht und Feigheit zum Alibi für die eigene Tat und Verantwortung gebraucht wird, um den Gott, der die Subjektivität und Freiheit des Menschen behindert oder verfälscht. In einem so verstandenen Gott sieht Nietzsche eine Gefahr, diesen Gott lehnt er ab, tötet er. Über einen anders verstandenen oder zu verstehenden Gott, über einen Gott, der nicht in das Koordinatensystem einer bestimmten Seins- und Wertphilosophie eingeordnet oder als des Menschen unwürdiges Alibi verstanden wird, ist damit nichts gesagt und auch nichts entschieden.

Wenn wir daran erinnern, daß die von Nietzsche verworfenen höchsten Werte in einem einseitig aufgefaßten und gelebten Christentum dargestellt und realisiert wurde, in dem Passivität, Ergebung, Gehorsam und Geduld die einzigen und spezifischen Tugenden waren, dann ist die Abkehr von einer solchen Einseitigkeit verständlich. Aber damit ist das Christliche als solches und im Ganzen nicht verworfen, vor allem nicht ein Christentum – und das gehört wesenhaft zu ihm –, das die Erde liebt, das, um mit Nietzsche zu sprechen, „der Erde treu" ist – und zwar von seinen eigensten und ursprünglichsten Voraussetzungen her, die in der Schöpfung und in der Person, dem Werk und dem Geschick Jesu Christi gegeben sind.

Nietzsche selbst zeigt immer wieder – er ist ein Denker in Gegensätzen und Widersprüchen, den man deshalb nie auf eine einzige These festlegen darf –, daß er auch groß und bejahend vom Christentum denken kann. So erklärt er, das Christentum sei das „beste Stück idealen Lebens, welches ich wirklich kennengelernt habe, von Kindesbeinen bin ich ihm nachgegangen, und ich glaube, ich bin nie in meinem Herzen gegen dasselbe gemein gewesen".

Er kann in den Christen „die vornehmste Art Mensch erkennen". Wenn Nietzsche andererseits sagt: „Wir sind keine Christen mehr", dann ist der Grund dafür ein höherer Anspruch: Es ist unsere strengere und verwöhntere Frömmigkeit, die uns heute verbietet, noch Christen zu sein.

„Ihr nennt es Selbstzersetzung Gottes; es ist aber nur seine Häutung; ihr sollt ihn bald wiedersehen, jenseits von Gut und Böse."

Aus dem Bild von der „Häutung" hat man nicht zu Unrecht herausgelesen, daß es Nietzsche nicht um Gottesleugnung, sondern um den je größeren Gott geht, um den Gott, der jenseits der Worte, Maßstäbe und Begriffe ist, die die Menschen von Gott gebildet haben. Es geht – so könnte man nicht ohne Grund sagen – um eine Gottlosigkeit, die, auf eine Läuterung des Gottesgedankens bedacht, immer wieder betont, daß Gott ganz anders ist, als wir es sagen können. Gott ist „das Wort jenseits der Worte", die gerade in der Anwendung auf ihn und in der Zuordnung zu ihm wie nichts erscheinen und die in dieser gehäuften Negation sich wie Gottlosigkeit ausnehmen. „Gott ist ein reines Nichts" – das ist ein Wort der deutschen Mystik, die aber damit nicht die Nichtigkeit und Leere Gottes aussprechen will, sondern im Gegenteil: die nicht auszuschöpfende Fülle Gottes. Alles, was von Gott gesagt und gedacht wird, wird zum Nichts erklärt, damit das helle, unzugängliche Licht und das unsagbare Wort Gottes zum Durchbruch kommen.

Wenn Nietzsche den Tod Gottes mit dem Umsturz der Werte und dem Ursprung neuer Zielsetzungen verbindet und wenn diese den unbedingten, unbegrenzten Daseinswillen, den Willen zu sich selbst erwecken sollen, wenn es um das Ziel des neuen Menschen, des den Menschen überwindenden, ins Unendliche ragenden und weisenden Übermenschen geht, der nach unendlicher Lebensfülle ausgreift und die absolute Freiheit beansprucht, wenn um dessentwillen der Tod Gottes in dem eben umschriebenen Sinn notwendig ist, dann wird – das ist ein neuer und wesentlicher Gesichtspunkt – diese Spannung nicht zu Unrecht verstanden als Widerstreit des „Gottes in uns" gegen den „Gott über uns" (B. Welte). Wegen des Gottes in uns wird der Tod Gottes begrüßt. Aber dieser Tod ist nicht der Tod Gottes überhaupt, sondern der Abschied von einer bestimmten Auffassung von Gott.

Andererseits aber gilt die Umkehrung: Nur weil *Gott* den Menschen will, kann der Mensch die göttliche, die unendliche Fülle des Lebens und die absolute Freiheit wollen. Das von Nietzsche in Anspruch genommene „Ich will – ich will sein" im Sinn des unendlichen Lebens ist im Grunde ein Echo dessen, daß der Mensch Bild und Gleichnis *Gottes* ist. Denn ohne diesen Grund und diese Zuordnung des Menschen zu Gott könnte nichts von alledem gesagt, verlangt oder erstrebt werden, worum es Nietzsche in seinem Willen zum Menschen, zum Übermenschen ging. Wie im Negativ spiegelt sich in Nietzsches Worten die Realität Gottes.

Endlich aber hat Nietzsche ähnlich wie Jean Paul ein äußerst waches Gespür dafür, was die Folge des Todes Gottes ist, auch noch unter der Voraussetzung, wie dieser Gott zu verstehen ist. Sein Bild von der von der Sonne losgeketteten Erde, vom weggewischten Horizont, vom ausgetrunkenen Meer, vom Stürzen nach allen Seiten, von der „wachsenden Wüste" ist alles andere als ein Triumphgesang, es ist ein Bild, das Furcht und Schrecken, aber keineswegs befreiende Begeisterung vermittelt.

Wer Nietzsches Wort „Gott ist tot" sich emphatisch zu eigen macht, sollte nicht nur dieses Wort selbst sorgfältig prüfen und in seiner Unterscheidung kennenlernen, er sollte auch etwas von dem anderen Nietzsche wissen und hören, er sollte den ganzen Nietzsche kennenlernen, der anders ist, als der vulgäre Nietzscheanismus es haben will, der bei einem Wort stehenbleibt und dieses oft genug unerklärt und unverstanden läßt.

Die Antworten auf den Satz: „Gott ist tot" stehen zum großen Teil bei Nietzsche selbst. Sie sind genauso zu hören wie sein Wort: „Gott ist tot". Dieses Wort selbst aber bedarf der sorgfältigen Unterscheidung. Es ist kein Schlagwort, es darf nicht zu Zwecken der Propaganda verwendet werden.

Kommentar zu Dostojewski

Wenn wir uns in dem Versuch einer Antwort den Texten zuwenden, die dem Werk des Dichters *Dostojewski* entnommen wurden, so begegnen wir dabei Gestalten wie Iwan Karamasoff und Kirilloff, die wie leidenschaftliche Vertreter und Sprecher von Ideen Nietzsches wirken: in der Kraft ihrer Empörung und ihrer Anklage gegen den Gott, der von ihnen vor allem als Qual empfunden und erfahren wird, in ihrem Gotteshaß, wozu, wie Dostojewski sagt, „nur die russische Seele fähig ist", in ihrer Proklamation: „Gott muß sterben, damit der Mensch lebe"; „wenn Gott nicht existiert, ist alles erlaubt: wenn Gott nicht existiert, ist alles einerlei" (wobei das deutsche Wort „einerlei" einen vielfältigen Sinn hat).

Diese Gestalten werden im Werk des Dichters jedoch kontrapunktiert durch andere, auf die es Dostojewski eigentlich ankommt, mit denen er sich selbst und seine Absichten identifiziert: Die Erfahrung von Leid und Unrecht, die Tatsachen von Unterdrückung, Not und Armut führen gerade bei diesen Menschen, den „Erniedrigten und Beleidigten“, nicht zur Verwerfung oder zur Leugnung Gottes, sondern werden der Ort, wo sie Gott begegnen und ihren Gottesglauben in höchster Kraft realisieren. Desgleichen werden die im Werk Dostojewskis laut ausgesprochene revoltierende Empörung gegen Gott, die Anklage und der Prozeß gegen ihn, ebenso die vom Menschen überbeanspruchte Freiheit über Leben und Tod – man denke an Jean Pauls Gedanken, warum der Mensch „nicht auch sein eigener Würgeengel“ sein soll – keineswegs ein überzeugendes Argument, um eine solche Existenz – gegen Gott, ohne Gott – zu rechtfertigen oder zu empfehlen – im Gegenteil: Die Unmöglichkeit und Un-Menschlichkeit eines solchen Daseins soll eindrucksvoll geschildert werden und als Abschreckung und Warnung wirken. Die Vision der Zukunft: einer Welt ohne Gott, da alles erlaubt, da alles einerlei sein wird, da an die Stelle des Gottmenschen der Menschgott eingesetzt wird, erfüllt Dostojewski mit „Furcht und Zittern“.

Endlich bekennt Dostojewski persönlich in der bereits zitierten Antwort auf seine Kritiker, daß er seinen Gottesglauben und sein Bekenntnis zu Gott durchaus nicht leichten Sinnes und naiven Gemütes gegeben habe, daß er vielmehr die Versuchung und den Abgrund der Gottlosigkeit an sich selbst und in den leidvollen Erfahrungen seines Lebens verspürte und sie durchschritt, ohne sich die Entscheidung leicht zu machen. Andererseits konnten ihn weder die scheinbare Erleichterung noch die Verführung und Faszination des „Gott ist tot“ dazu bewegen, diesem Wort zuzustimmen. Auch das Arrangement der Vorwürfe und Einwände, der vielfältig motivierten und scheinbar überwältigenden Proteste gegen die Welt, wie sie ist und erfahren werden muß, konnten ihn nicht bewegen, den Schöpfer zu schmähen oder zu leugnen, sie werden zu

Anklagen gegen die *Menschen* und die von ihnen geschaffenen Zustände.

In diesem Zusammenhang sei auf einen Tatbestand aufmerksam gemacht, der auch in den weiteren Überlegungen zu beachten und zu bedenken bleibt – etwa in der Antwort auf *Albert Camus.*

Nietzsche wirft vor allem dem christlichen Gottesglauben vor, daß er so gut wie ausschließlich in der Existenz und Erfahrung des Leidens, in seinen vielfätltigsten Formen, deren Symbol das Kreuz ist, gründe und daß er sich von dort her legitimiere. Er bezeichnet das Christentum als die Religion der Unterdrückten, der Armen, der Entrechteten, der Sklaven, die in ihrer Lage und Verfassung den Weg zu Gott finden, zu dem Gott, der lebt, der inmitten der Lieblosigkeit, die sie erleiden, die Liebe ist. Dieselbe Situation wird von den Empörergestalten in Dostojewskis großem Werk in einem radikal entgegengesetzten Sinn gedeutet: Sie wird zum entscheidenden und scheinbar entwaffnenden Argument gegen Gott und gegen den Glauben an ihn.

Die Situation des Scheiterns, der Ausweglosigkeit, des Leides, des Unrechts, der Verlassenheit, der Gewalt kann – das folgt daraus – in der Frage: „Gott ist tot?“ zu ganz verschiedenen Antworten führen. Sie kann zur Absage an Gott werden: „Gott ist tot“ – er schweigt – er hat uns verlassen, sie kann aber auch die ganz entgegengesetzte Antwort hervorrufen: Gott lebt, er ist da. Daraus folgt: Nur dann hätten die Empörer in Dostojewskis Werk, die sich selbst Gotteslästerer nennen, dann hätte die Argumentation Albert Camus' recht, wenn nur *die* Antwort möglich wäre, die dort gegeben wird. In den gleichen Lagen: der dunklen Nacht von Leid und Not, von Schrecken und Unrecht, die Menschen erstarren und sprachlos machen und in die Finsternis des „Gott ist tot“ stürzen können, haben andere Menschen das Licht des lebendigen Gottes erfahren.

Nie ist Gott so sehr verflucht, verworfen und geleugnet

worden, und nie wurde er so sehr als lebendige Realität erfahren und gepriesen als in den extremen Situationen, die unsere Zeit kennzeichnen. Es wäre ein leichtes, eine Fülle von Dokumentationen vorzulegen, die das zuletzt Gesagte illustrieren und beweisen, Zeugnisse nicht von kleinen und ängstlichen, schwachen oder naiven Geistern, sondern von Menschen einmaliger Größe.

Der Band „Du hast mich heimgesucht bei Nacht, Abschiedsbriefe und Aufzeichnungen des Widerstandes 1939–1945", die inmitten des Grauens und angesichts des sicheren Todes – und oft welchen Todes! – geschrieben sind, widerlegt die These, daß die Erfahrung der extremsten Situation zu dem notwendigen Aufschrei führen muß: „Gott ist tot." Dabei bleibt immer noch zu fragen, ob hier nicht, wie *Karl Rahner* sagt, ein „bekümmerter Atheismus" sich ausspricht, eine in eine Antwort gekleidete Frage. Die Frage: Wo bleibst du, Gott – warum schweigt Gott? spricht sich in dem Satz aus: „Gott ist tot."

„Gott ist tot" – das kann man angesichts des Leidens sagen im Blick auf den Gott, den der Mensch sich nach seinen Maßen vorgestellt und zurechtgerückt hat, von dem er wissen, dem er vorschreiben will, was er tun und was er nicht tun, was sein und was nicht sein darf; es ist der Gott der irdischen Sicherheit, der Lebensversicherung, der Rettung von aller Mühsal und Enttäuschung, der Gott, der zum verantwortlichen Garanten dafür gemacht wird, daß es uns gut geht, daß uns alles gelingt, daß kein Schatten auf unsere Welt fällt. Dieser Gott stirbt und ist tot; aber dabei stirbt nur ein Phantom oder ein Götze.

„Gott ist tot" – das kann man jedoch nicht sagen von dem Gott, den das Alte und Neue Testament bezeugt, von dem Gott, vor dem der Schrei, die Anklagen und die Lästerungen des Menschen *Hiob*, des Inbegriffs des geprüften, beraubten, geschlagenen, verlassenen, kranken, verspotteten und verkannten Menschen ausgebreitet werden; das kann man nicht sagen von dem Gott, der in der größten Not und Verlassenheit den Menschen die Gewähr gibt: „Ich bin bei dir", wie es viele Psalmen als Niederschlag vielfältigster Erfahrung bezeugen. „Gott ist tot" – das kann man angesichts des Leidens erst recht nicht sagen von dem Gott, der in der Person und im Schicksal Jesu Christi sich vermittelt hat, der Armut, Ausgestoßenheit, Tod und Gottverlassenheit nicht als Fluch erklärte, sondern darin die Möglichkeit eröffnete, daß Gott sich zeigt, auch wenn er sich verhüllt, daß Gott spricht, auch wenn er schweigt, daß Gott wirkt, auch wenn er tatenlos oder ohnmächtig erscheint. Das Wort: „Mein Gott, warum hast du mich verlassen" ist das Wort des gleichen Jesus, von dem gesagt ist, er sei der geliebte und der „einziggeborene" Sohn des Vaters, eins mit dem Vater.

Angesichts der Gottesoffenbarung in Jesus Christus, angesichts des Kreuzes kann kein Leid der Welt als zwingendes Argument dafür in Anspruch genommen werden, daß man sagen muß: „Gott ist tot." Jesu Schrei in die abgrundtiefe Nacht der Gottverlassenheit ist keine Bankerotterklärung, ist kein „Abschied von Gott", es ist der Ruf nach dem Du dessen, der ihn scheinbar losgelassen hat und dessen Hände er dennoch ergreift, in die er sich mit dem Ruf stürzt: „Vater, in Deine Hände empfehle ich meinen Geist."

Ungezählte, die sich zu allen Zeiten und an allen Orten zu Christus bekennen, sind diesen Weg gegangen und haben das Kreuz ihres Daseins und die tausendfache Gestalt dieses Kreuzes zu einer Weise ihrer Gemeinschaft mit Christus und zu einem Ort lebendigsten Gottesglaubens gemacht.

„Wer", so bekennt Paulus, „will uns trennen von der Liebe Christi? Trübsal oder Bedrängnis oder Verfolgung oder Hunger oder Blöße oder Gefahr oder Schwert? Ich bin überzeugt, weder Tod noch Leben, weder Höhe noch Tiefe wird uns zu trennen vermögen von der Liebe Gottes, die in Christus Jesus ist, unserm Herrn."

Auch diese Stimme und viele andere sind da, und sie leben bis zum heutigen Tag – auch in unsern Tagen sind sie in Krieg und Verfolgung, in Konzentrationslagern und vor den Gaskammern ausgesprochen und in Leben und Tod besiegelt worden.

Sie sind der Gegenchor zu dem: „Gott ist tot." Er muß uns ebenso zu Gehör gebracht werden wie die Rufe: „Gott ist tot."

Auf den Satz von *Dorothee Sölle:* „Wie man nach Auschwitz den Gott loben soll, der alles so herrlich regiert, das weiß ich nicht." – Es führt „kein Weg zurück zum Kindervater, der Wolken, Luft und Winden Wege, Lauf und Bahn gibt" – gibt der Theologe *Helmut Gollwitzer* folgende überzeugende Antwort:

„Es weiß jeder, der in dieser Zeit nicht schläft, daß die Choralstrophen, auf die hier angespielt wird, daß die tradierte Rede vom Gottvertrauen, vom Vater im Himmel die übelste Ausflucht, die kaltherzigste Bagatellsierung sein kann, den Gemarterten wie ein Hohn in den Ohren klingend, und daß das Hohnlachen, mit dem solche Phrasen beantwortet werden, das Hohnlachen Hiobs sein kann. Aber diese Worte selbst? Sind sie durch falschen Gebrauch unwahr geworden? Sind sie durch die geschehenen und noch kommenden Greuel unseres Jahrhunderts unwahr geworden? Wieso ‚führt kein Weg zurück' zu ihnen? Sind sie heute unwahr, dann waren sie auch früher unwahr, auch während der Greuel des 30jährigen Krieges, die dem, was diese Lieder sagen, nicht weniger widersprechen als die Greuel von Auschwitz, von Hiroshima und von Vietnam. War die Zumutung – inmitten der Greuel, der wahnwitzigen Zufälle, der Preisgegebenheit an die Grausamkeit der Mächtigen, inmitten dieser Welt ohne Gott –, der Verheißung, dem ‚Ich werde da sein' zu trauen, denn damals geringer als heute? War Gottvertrauen damals eher eine Möglichkeit als heute? Was mir an jenen Sätzen – ich muß es gestehen – zuwider ist, ist die Abwertung, die Mißachtung, die sie enthalten: als ob solche Lieder früherer Jahrhunderte, als ob die Rede von Gottes Führung, Regierung und Vaterschaft,

× oben Sölle

simpler Gedankenlosigkeit und naivem Optimismus ihre Entstehung verdankten. Sie sind gebetet in extremis, in härtesten Anfechtungen, sie kennen die Hiob-Situation, sie sprechen im Angesicht der Gottverlassenheit von Golgatha, sie finden die eigene Gottverlassenheit auf Golgatha wieder und wiederholen sich in sie hinein die Antwort, das ‚Ich bin da' als Verheißung. Was sie sagen, ist nicht Ausdruck eigener Beobachtung, Ergebnis optimistischer Lebensweisheit; auch wenn diese Menschen ihr Gebet und ihr Bekenntnis als Aussage eigener Überzeugung und Erfahrung formulieren, sagen sie das alles nicht aus sich, sondern zu sich. In der Finsternis der Qual halten sie sich das Licht der Verheißung vor, rufen sich die Worte der Verheißung tröstend und mutmachend zu. Sie haben sich nicht etwa nichts, sondern sehr viel dabei gedacht – nicht weniger, als wir heute darauf angewiesen sind, uns diese einfachen, so kindlich erscheinenden Worte zu interpretieren; sie waren für sie so wenig wie für uns ‚selbstverständlich'. Wer meint, ‚wir heute' könnten nicht mehr so beten, sagt damit, die damals hätten das Grauen der Welt weniger erfahren, und behandelt sie als ahnungslose Kinder; er sagt damit, die Hoffnung der Damaligen sei eine Illusion gewesen, die sich nur innerhalb gewisser Grenzen aufrechterhalten lasse, oder die Väterlichkeit Gottes sei eine Annahme, die an sonnigen Tagen und aus leichtgläubigem Kinderherzen entstehe, aber an den Belastungsproben unseres Jahrhunderts zerbreche. Er verkleinert die früheren Belastungsproben, um die Unmöglichkeit des Gebets für uns heute zu erweisen, und stellt damit die Verheißung als eine begrenzte hin, als eine, die nur am Kreuz vorbei, nicht aber in der Nacht des Kreuzes ihre Gültigkeit hat.

Indem der Glaube an die Zusage von Gottes gegenwärtiger Vatergüte für uns heute als Unmöglichkeit erklärt wird, zeigt sich, daß man ihn bei den Menschen früherer Zeiten für eine Möglichkeit hält.

Dem widerspricht der christliche Glaube fundamental.

Er ist keine menschliche Möglichkeit; der Gott des christlichen Glaubens ist nicht ein möglicher Gott, der als Ergebnis möglicher menschlicher Betrachtungsweisen verstehbar würe. Daß er alles so herrlich regiert, ist kein mögliches Fazit aus der Betrachtung des Weltlaufs; das Vertrauen auf ihn ist nicht eine mögliche Verhaltensweise, erklärbar bei Leuten, die noch keine schlimmeren Tage gesehen haben und von Gaskammern, Napalm und Nuklearkrieg noch nichts wissen. Der, dessen Verheißung uns in der biblischen Verkündigung zugerufen wird, ist ein unmöglicher Gott; ihn als Vater zu erkennen, zu lieben und anzurufen, war früher ebenso wie heute ‚nicht durch eigene Vernunft noch Kraft' möglich, sondern durch die dem Augenschein widersprechende und zum Widerspruch gegen den Augenschein erweckende und ermächtigende Kraft des Verheißungswortes selbst, durch den Geist dieses Wortes, den Heiligen Geist.

Damit wird der Unterschied der Zeiten durchaus relativiert. Was heute unmöglich ist, war es früher auch: was früher möglich war, ist es auch heute."

Die Überlegungen zu einer der schwersten Fragen unseres Lebens und unseres Glaubens seien mit Gedanken von *Wolfhart Pannenberg* und *Karl Rahner* abgeschlossen:

Wolfhart Pannenberg: „In dieser Welt des Kampfes gegen das Leid, gegen die Sinnlosigkeit und gegen das Böse ist Gott die äußerste, die stärkste Macht, mit der der Mensch sich verbinden kann, selbst da noch, wo er allem Anschein nach hoffnungslos unterliegt. So gesehen ist Gott nicht widerlegt durch das Übel in der Welt. Im Gegenteil, das Vertrauen auf seine Wirklichkeit ist das Letzte und Äußerste, was der Mensch der Hoffnungslosigkeit und dem Tod entgegenzusetzen hat. Gott ist die Kraft der Hoffnung gegen alle Hoffnung. Und das Bekenntnis zu seiner Allmacht, das Bekenntnis zu ihm als dem Schöpfer aller Dinge ist nicht einfach Feststellung von etwas, was unbestreitbar vorhanden wäre, sondern

Ausdruck der Hoffnung und des Vertrauens auf die Übermacht der göttlichen Liebe über alles Grauen und alle Absurdität dieser Welt, ja auch über den Tod. Wenn dieser Ausgangsprunkt des Bekenntnisses zu Gott als den Schöpfer der Welt und zu seiner Allmacht festgehalten und nicht vergessen wird, dann erscheinen alle Gedanken über eine göttliche Zulassung des Bösen in der Welt als nachträgliche Reflexionen, die nicht hinter jenen Ausgangspunkt, hinter den Bund des Menschen mit Gott gegen die Mächte der Bosheit, der Verzweiflung und des Todes zurückführen können."

Karl Rahner: „Die letzte Antwort, die ein Mensch auf das Problem des Leidens und des Todes geben kann, kann nur darin bestehen, daß er sich in liebendem Schweigen der Unbegreiflichkeit Gottes übergibt, in der sich die Frage des Leides verliert.

Woher nehmen wir die Kraft, in der Dunkelheit des Leides und bei der Ohnmacht, die es in uns wirkt, wirklich die Antwort zu geben, die uns abverlangt wird, eine Antwort, die unsagbar schwer zu sein scheint, obwohl sie nur die schweigend willige Annahme des Leides und seiner Unbegreiflichkeit zu sein scheint. Und woher nehmen wir die letzte Zuversicht, daß unser Ja zur Unbegreiflichkeit Gottes nochmals von Gott angenommen wird als die von Gott mit Gott selbst beantwortete Antwort Gottes auf das letzte Wort des Menschen?

Der Christ ist in seinem Glauben überzeugt, daß die Antwort, die er auf sein Leidproblem geben muß, nur möglich ist als durch die Gnade gegebener Mitvollzug der Antwort, die Jesus am Kreuz auf die Todesnot gegeben hat, in die er willig versank: ‚Vater in deine Hände empfehle ich meinen Geist.' Der Christ ist in seinem Glauben davon überzeugt, daß der Auferstandene der Gekreuzigte und Gestorbene ist und umgekehrt, daß also die Antwort voller Übergabe in das Geheimnis Gott und des Todes wirklich von Gott als ewig gültig und ewig seligmachend angenommen, mit Gott selbst beantwortet ist."

Wäre es nicht sinnvoller, in allen hier aufsteigenden, quälenden Fragen die Frage nach dem Menschen, nach seiner Verantwortung, seiner Freiheit, seiner Schuld zu stellen und sich gegen den Menschen zu empören?

Nicht alles Leid kann der Mensch verhindern. Aber um das Leiden gerade in seiner größten Dunkelheit und in seiner unerträglichsten Form, um das Leiden der Unschuldigen zu vermeiden, um Unterdrückung und Ungerechtigkeit, um Kriege zu verhindern, bedarf es nicht der Intervention Gottes. Das meiste könnte der Mensch selbst tun, vermeiden, verhindern, wenn er nur sich, sein Gewissen, seinen Geist, seine Freiheit, sein Herz einforderte zu dem, was er als das Rechte und Sein-Sollende, als das Menschliche und Menschenwürdige erkennt. Seine Schuld soll der Mensch nicht abschieben mit dem Wort: „Gott ist tot." Und kann der Mensch nicht das Leid, das unvermeidliche Leid lindern, wenn er sich dem Leidenden zuwendet, wenn er Not lindert, Wunden verbindet, wenn er daran geht, unmenschliche Zustände zu beseitigen, in einer Welt, die seiner Verantwortung anvertraut ist, wenn er die radikale, selbstlose Liebe mobilisiert?

„Nur dann wäre Gott ungerecht, wenn wir nicht schuldig wären", sagt Pascal. – Wäre es nicht ungleich gemäßer, nicht Gott, sondern den Menschen vor das Gericht der Geschichte zu stellen, und die Frage: Wo bleibst du, Gott? zu konfrontieren mit der anderen: Adam, wo bist du – was hast du getan?

Könnte es nicht sein, daß gerade bei dieser Frage und bei diesem Gericht offenbar wird, daß die Schuld und die Verbrechen des Menschen davon stammen, daß sie ihr Gewissen übertönen und vergewaltigen, daß sie sich weigern, sich vor einer letzten, unbedingten Instanz zu verantworten? Und kommt nicht die Unmenschlichkeit des Menschen, die Verdunkelung seines Geistes, die Verdüsterung seines Herzens, die Grausamkeit seiner Hände davon, daß sich über ihn die Gottesfinsternis breitet, daß das Licht fehlt, das den Weg des Menschen erhellt und daß das Wort verstummt, das ihm im Tun und in den Entscheidungen seines Lebens gesagt und vom Menschen gehört werden muß?

Wäre es nicht richtig, am Menschen irre zu werden statt an Gott, und die Frage „Was Gott sich dabei gedacht habe" durch die Frage zu ergänzen, was der Mensch sich dabei gedacht habe?

Und welche Verkehrung der Maßstäbe stellt es dar, das Gute in der Welt dem Menschen zuzuerkennen, den Menschen, seine Freiheit und seine alles vermögende und vollbringende Schöpfermacht zu rühmen, angesichts des Bösen und des Unheils aber davon abzusehen, sich zu dispensieren, sich als „nicht zuständig", „nicht betroffen", „nicht schuldig", sich als ohnmächtig zu erklären und dafür einen andern: „Gott" verantwortlich zu machen und Abschied von ihm zu nehmen.

Kommentar zu Simone de Beauvoir und Jean-Paul Sartre

Wir wenden uns den Texten zu, die wir von *Simone de Beauvoir* und von *Jean-Paul Sartre* mitgeteilt haben. Sie beantworten die Frage: „Gott ist tot?" mit einem eindeutigen Ja – im Namen des Menschen, im Namen dessen, der sich selbst entwirft, im Namen vor allem der souveränen Freiheit, in der sich der Mensch zum souveränen Schöpfer aller Werte und zum universalen Gesetzgeber macht. Das Wort von Sartre: „Auch wenn es Gott gäbe, würde sich nichts ändern, das ist unsere These" –soll die Radikalität seines Standpunkts und die völlige Gleichgültigkeit Gott gegenüber hervorheben und verdeutlichen, daß und wie sehr – um mit Nietzsche zu sprechen – die Erde von der Sonne losgekettet, der Horizont weggewischt ist.

Für das Verständnis Sartres und seines Denkens ist ein von ihm selbst gegebener Hinweis nicht unwichtig. In

einer Nachbemerkung zu Sartres Werk „Die Wörter" sagt Hans Mayer, daß für Sartre das eigentliche Religionserlebnis ausgeblieben war, oder vielmehr:
„... es war durch äußere Umstände verhindert worden. Ein kleiner Katholik wuchs in protestantischer Umwelt auf und schien prädestiniert für die Laufbahn eines Gläubigen. Das fade Christentum gutsituierter bürgerlicher Toleranz jedoch verdarb ihm den Geschmack an dieser Laufbahn. Die religiöse Inbrunst fand ein neues Objekt in der Bücherwelt. ‚Der Mann der Feder erschien als Ersatz jenes Christen, der ich nicht sein konnte.'" Sartre selbst erklärt: „In unserem Milieu, in meiner Familie war der Glaube nur ein Prunkname für die süße französische Freiheit. Ich gelangte zum Unglauben nicht durch den Konflikt der Dogmen, sondern durch die Gleichgültigkeit meiner Großeltern."

Christentum ist Freiheit

Wenden wir uns nun der Sache zu. Zu der Grundthese: „Gott ist tot" – das ist ein Ergebnis und eine Forderung der Freiheit des Menschen, ist – im Sinn einer Gegenthese – zunächst folgendes zu bedenken. Gegenüber der Gebundenheit an die Götter, an das unerbittliche Schicksal, das blind herrschende Fatum gegenüber den als Mächten und Gewalten aufgefaßten Naturkräften und deren magische, dämonische und mythische Einkleidungen haben die Christen die neue Botschaft von Gott, der in Jesus Christus gesprochen und gehandelt hat, der in ihm Menschenschicksal angenommen hat, als „Freiheit" erfahren. Diese Proklamation der Freiheit hat den Christen einst den Vorwurf des Atheismus, der Gottlosigkeit eingebracht und sie der dafür vorgesehenen Strafe zugeführt.

„Zur Freiheit hat uns Christus frei gemacht" – so faßt Paulus seine Glaubensbotschaft zusammen, und er meint: Aus Sklaven sind „Freie und Erben", Söhne und Töchter geworden. Christentum konnte und kann mit dem triumphierenden Wort Freiheit umschrieben werden: mit der Freiheit von der Versklavung an die Welt und an die Weltmächte, die nichtig sind, die ihren bannenden und faszinierenden Glanz verlieren, weil über ihnen ihr Herr und Gebieter steht. Ferner verstanden die Christen unter Freiheit die Freiheit von der Überwältigung durch das Böse. Der Mensch ist nicht der dunklen Macht des Bösen zwanghaft ausgeliefert, er muß ihr nicht einfachhin verfallen, er ist zur Freiheit, zum Guten befreit und zum Sieg über das Böse ermächtigt. Die entscheidende und alles andere zusammenfassende Freiheit ist durch die Befreiung vom Tod eröffnet und gewährt. Nicht als ob der Tod verharmlost oder heroisiert würde, er ist und bleibt der Feind, der letzte Feind, aber – das ist der entscheidende Satz des christlichen Glaubens – der Tod ist überwunden, durch den, der den Tod starb und von den Toten auferweckt wurde, nicht, um noch einmal in das irdische Leben zurückzukehren und dann doch und endgültig zu sterben, sondern um in einem neuen, unvergänglichen Leben zu leben. Dadurch ist der Tod besiegt, daß ihm, wie Paulus sagt, der Stachel genommen ist.

Der Tod wird zum Grund und Ursprung einer neuen Schöpfung, er verliert sein düsteres und undurchdringliches Gesicht, er wird zum Aufgang eines neuen verwandelten Lebens. Nur wenn das Weizenkorn stirbt, bringt es Frucht. Wenn aber dem so ist, dann kann der Tod und sein Gefolge kein Argument dafür sein, daß Gott tot ist, sondern ein Zeichen, daß der Sterbende, unter welchen Bedingungen immer er stirbt – und die schrecklichsten Bedingungen des Sterbens sind im Sterben Jesu Christi erfahren worden –, in die Todesangst, die Qual und in das Sterben Christi eingeht, mit ihm solidarisch wird, um in der Kraft dieses Toten und in der Gemeinschaft mit ihm an der Auferstehung, an seinem ewigen Leben, teilzunehmen. Dabei ist „ewig“ kein Zeitbegriff, sondern eine Bestimmung von Qualität; sie meint das unvergängliche

Leben, auf das der Mensch angelegt ist, um das er in seiner Sehnsucht nach Fülle und Unendlichkeit des Lebens fragend weiß. Dann aber wird auch noch klarer, welche Souveränität von Freiheit dem Menschen gewährt und eröffnet ist, der im Horizont eines solchen Glaubens steht angesichts eines Gottes, von dem solches ausgesagt wird.

Gegenüber dieser letzten Freiheit gibt es das Paradox der Freiheit der Gefangenen, die Freiheit der zum Tod Verurteilten, der Gemarterten und Zerschlagenen, der Erniedrigten und Beleidigten. An diesen unzerstörbaren Kern der Freiheit, zu der Christus befreit, reicht keine Macht über den Menschen.

Von dieser Freiheit waren jene Menschen erfüllt und durchglüht, die durch keine Gewalt und Schmach, auch nicht durch den Tod, gebrochen werden konnten, sondern die im Tod die letzte Station auf dem Weg der Freiheit – so beschreibt es *Dietrich Bonhoeffer* – erkannten und die in den Tod so hinein und durch den Tod so hindurchschritten: nicht wie Besiegte, sondern wie Sieger, nicht wie Todgeweihte, sondern als solche, die dem wahren Leben entgegengehen. Für diese Menschen ist der Tod nicht mehr nur unausweichliches und unentrinnbares Geschick, der Tod wird zu einer letzten Tat und Entscheidung, zu einem Akt des Menschen, der sterbend die Grundgestalt der menschlichen Existenz, die Endlichkeit und Geschöpflichkeit, bejaht und der sich ganz seinem Schöpfer und Herrn anheimgibt, den er gerade im Tode anerkennt. Der Tod wird nicht nur erlitten, er wird vollbracht. Hier erfüllt sich das Wort des Psalms: „Wir gingen durch Feuer und Wasser, doch du hast uns in die Freiheit geführt" (66, 12).

Zugleich eröffnet sich im Tod die Möglichkeit einer radikalen Begegnung mit *Christus:* das Sterben mit Christus, um mit ihm auferweckt und verherrlicht zu werden.

Aus diesen Realitäten lebt die Freiheit eines Christenmenschen, der, wie *Luther* sagt, ein freier Herr aller Dinge ist. Deshalb ist es tragisch und erschütternd zugleich und es zeigt erschreckend, wie viele Verdeckungen, Unterlassungen und Verfehlungen des christlichen Glaubens geschehen sein müssen, daß im Namen der Freiheit des Menschen gegen eine Botschaft protestiert wird, daß sie abgelehnt und verworfen wird, die durch nichts so beschrieben werden kann als durch den Namen und die Botschaft der Freiheit. Sartre selbst gibt für diese Verdunkelung und Verzerrung des Christlichen eine sehr anschauliche Schilderung aus seinem eigenen Leben, aus seiner Kindheit und Jugend und den daraus gemachten Erfahrungen: „Im katholischen Glauben erzogen, erfuhr ich, der Allmächtige habe mich zu seinem Ruhm erschaffen. Das war mehr, als ich zu träumen gewagt hatte. In der Folge aber erkannte ich in dem gesellschaftsfähigen Gott, den man mir beibrachte, nicht denjenigen, den meine Seele erwartete. Ich brauchte einen Weltschöpfer, man gab mir einen obersten Chef; die beiden bildeten eine Einheit, aber das wußte ich nicht; lustlos diente ich dem pharisäischen Idol, und die offizielle Lehre nahm mir die Lust, meinen eigenen Glauben zu suchen."

Die Freiheit, von der die Botschaft und die Realität des christlichen Glaubens weiß, ist eine solche, zu der der Mensch befreit, freigemacht wurde. Damit ist ausgesprochen, daß es die Realität dessen gibt, der den Menschen gerade nicht versklavt, sondern befreit und ihm das gewährt, wonach der Mensch sich sehnt, woraufhin er angelegt ist und was er aus sich selbst nicht radikal verwirklicht, weil er Freiheit mit Ungebundenheit, mit Willkür verwechselt und dabei verkennt, wie sehr er dem irrationalen und Zufälligen, dem Unkontrollierten ausgeliefert und versklavt ist. Freiheit ist die dem Menschen gewährte Ermächtigung zu dem, was den Menschen zum Menschen und deshalb wahrhaft menschenwürdig macht. Es ist deshalb nicht einsichtig, warum diese Ermächtigung eine Einschränkung der Freiheit des Menschen sein soll.

Die im Namen der Freiheit ausgesprochene These vom Tod Gottes muß – das ist die Gegenfrage – sich ihrerseits befragen lassen, wie der Mensch und dessen Freiheit beschaffen ist, in dessen Namen der Tod Gottes erklärt wird. Ist sie eine Befreiung des Menschen zum Menschen und zur wahren Menschlichkeit, die das Unmenschliche überwindet und die Welt zum Haus des Menschen zu machen fähig ist? Geht der Hymnus dieser Freiheit: „Wenn Gott nicht existiert, ist alles erlaubt“ nicht über in das Erschrecken darüber, was der Mensch ohne eine andere Orientierung als der an sich selbst als erlaubt ansieht und bestimmt?

Das Reich, dessen Anbruch in Sartres Drama „Der Teufel und der liebe Gott“ Götz verkündet und preist, ist es nicht nach seinen eigenen Worten das Reich, da er Henker und Schlächter sein wird? Sartre läßt durch die Figuren seiner Dramen, mit denen er sich identifziert, erklären: Ich habe Gott getötet, weil er mich von den Menschen trennte, weil der Mensch ein Nichts ist, wenn Gott existiert; erst dann erfährt er, wie wirklich er ist und die Menschen sind, wenn er (Gott) nicht ist, wenn er allein ist „mit dem leeren Himmel“ über sich.

Wenn man indes sich den Menschen und die Menschen sowie die von ihnen in Freiheit gestaltete Welt vergegenwärtigt, die Sartre beschreibt, dann kann man kaum überzeugt werden von der befreienden Macht dieser Freiheit. Die Freiheit des „Alles ist erlaubt“, die Freiheit, „die Henker und Schlächter“ sein wird, die Freiheit, die zum Ergebnis kommt: „die Hölle – das sind die andern“, ist keine Empfehlung dieser Freiheit, sie ist deren „existentielle“ Widerlegung.

Eröffnet – das ist die Gegenfrage – die Anerkennung Gottes, nicht – um mit Sartre zu reden – als „obersten Chef“, sondern als letzten Grund und tiefstes Geheimnis des Menschen, dem der Mensch als Geschöpf sich auch in seiner Freiheit verdankt, vor dem er sich verantwortet, gerade nicht, wie Sartre befürchtet, die Unwirklichkeit oder die Nichtigkeit des Menschen, sondern dessen wirklichste Wirklichkeit und dessen Unantastbarkeit? Gerade die Anerkennung Gottes verhindert es, daß über den Menschen verfügt, daß er manipuliert wird. Sie stiftet den eigentlichen Grund der Menschenwürde und der alle Menschen verbindenden Gemeinschaft und Brüderlichkeit. Die Anerkennung Gottes gibt die Möglichkeit zur unegoistischen, selbstlosen Liebe, sie verhindert, daß der Mensch sich vom Menschen trennt. Die Anerkennung dessen, was Sartre verwirft, ermöglicht, worum es Sartre in seinem Engagement für den Menschen geht.

Es ist sehr bedeutungsvoll und bemerkenswert, daß sich Sartre, als er im Jahre 1941 im Konzentrationslager war und das – unveröffentlichte – Stück „Barjona" schrieb, mit dem Gedanken befaßte: Was wäre, wenn Gott Mensch würde? Sartre gibt zur Antwort, dann würde im Menschen die Liebes Gottes anbrechen, menschliche Liebe wäre Gottesliebe, und zwischen Gott und dem Menschen wären Bande geknüpft, die das Leben zu einem einzigen Dank werden ließen:

„Wäre Gott Mensch, so bliebe dem Menschen Hoffnung, und sein Leben würde jenseits der Verzweiflung neu beginnen. Die Pflicht des Menschen wäre dann die Hoffnung. Christus, der menschgewordene Gott, würde diesen Weg der Hoffnung zeigen, denn er allein könnte dem Leid Sinn geben und so Antwort auf unsere Lebensfrage sein. Er könnte es, denn er wäre Gott und Mensch. Als Gott würde er jenseits des Leidens stehen, und wir Menschen könnten in dem Maße das Leid und die Sinnlosigkeit überwinden, als wir Gott ähnlich sind. Unsere Freiheit würde alles Leid um ein Unendliches übertreffen, und wir könnten es so ‚durchbohren'. Alles Fleisch würde ein Licht sehen, die Welt hätte Sinn, und die Freiheit würde zu Liebe. Und wenn je einmal in eines Kindes Mund sich ein bitterer Geschmack Platz verschaffen wollte, wenn je noch die Menschen eine große Verlassenheit und Einsamkeit erfüllen sollte, dann könnten wir die frohe Botschaft verkünden, daß Christus in all dem Leid bei uns ist. Er hat ja alle Schmach auf sich genommen.

Selbst unser Tod wäre von der Freude überstrahlt. Alles, alles hätte Sinn, und die fragenden Lippen hätten Antwort im Gott-Menschen, in der göttlichen Liebe."

Ob Sartre die in diesen Worten ausgesprochene Möglichkeit einmal ernst nahm, könnte wohl nur er selbst entscheiden. Daß er sie in den folgenden Jahren mit aller Kraft ablehnte und bekämpfte, das bezeugt sein ganzes späteres Werk. Doch dies allein ist noch kein genügender Beweis. Über die Möglichkeit und über die Realität der Möglichkeit „wenn Gott Mensch würde" ist damit nichts entschieden. Daß, wie er sagt, der Glaube daran absurd ist, noch absurder als alle menschliche Sinnlosigkeit, ist eine Behauptung, die auf einer Entscheidung gründet.

Ist Gott überflüssig?

Wir sagten, die These: „Gott ist tot" – „Abschied von Gott" wird heute oft aus dem Grund vertreten, weil Gott überflüssig geworden sei: Gott als Hypothese der Welterklärung, als Platzhalter des bisherigen Nichtwissens und der daraus entspringenden Furcht, weil er sich ständig auf dem Rückzug befinde und zwangsläufig den Tod der ständigen Einschränkungen sterbe. Die täglich größer werdende Erschließung der Welt, die Kenntnis der Geschehensursachen und der kausalen Zusammenhänge haben – so sagt man – den Tod Gottes und den Abschied von ihm herbeigeführt.

Darauf ist zunächst zu antworten, daß in der Geschichte des Glaubens und des Denkens Gott in der Tat oft als Platzhalter des Unbekannten, als Hypothese, als allgemeines Prinzip der Welterklärung verstanden und dafür beansprucht wurde. Aber der Tod des als Lückenbüßer verstandenen und durch Wissenschaft und Technik abgeschafften, weil überflüssig gewordenen Gottes ist nicht der Tod des Gottes, den der recht verstandene Schöpfungsglaube bekennt. Denn – um es abgekürzt und prinzipiell zu sagen – Gott ist kein Stück der Welt, er stellt auch nicht einen Teil der Weltwirklichkeit oder Weltursächlichkeit dar. Als Schöpfer und Herr der Welt gehört Gott nicht zu dieser Welt selbst, zu ihren Gegenständlichkeiten, Gegebenheiten und ihren Kausalitäten – er gehört vielmehr zu den allem Weltsein vorausliegenden Bedingungen und Voraussetzungen. Er gehört auch zu den – ungegenständlichen – Voraussetzungen unserer Erkenntnis und unseres gegenständlichen Wissens. Gott, so sagt *Karl Rahner*, ist die Voraussetzung aller Welt und aller Erkenntnis, der nicht als ein Fall unter die Weltgesetzlichkeit gehört, sondern deren Voraussetzung ist, auf die der Mensch nicht direkt hinblicken, die er nicht unmittelbar zum Gegenstand machen kann, die er vielmehr nur indirekt weiß als das Unendliche, auf das der endliche Gegenstand, als das Unbedingte, auf das die Erfahrung der Vielfalt und ihrer Bedingtheit verweist, ohne es darum in sich selbst in den Griff des Menschen zu geben.

Man kann sich von Gott kein Bild machen, das aus dem Holz der Welt geschnitzt ist. Deshalb ist Gott auch nicht die abschließende Hypothese, die aus dem Vorentwurf einer Vollendung des Weltbildes folgt, sondern die einzige These, die mit allen Hypothesen mitgesetzt wird, aus denen wir unser Weltbild aufbauen.

Weil dem so ist, kann Gott als innerweltliche Ursache auch nicht entdeckt werden, und wenn dies einmal versucht wurde, war es ein falscher Weg. Gott, der schöpferische, seinsschaffende freie Grund von allem kann deshalb nicht den Tod der ständigen Einschränkungen sterben, weil er mit keinem dieser eingeschränkten Gründe identisch war. Den Gott, den es wie andere Dinge und Gegenstände „gibt", gibt es nicht. Ferner: Wenn unter „wirklich" das verstanden wird, was innerweltlich antreffbar ist, was innerweltlich wirkt, was innerweltlich erforscht und bestimmt werden kann, dann ist Gott nicht „wirklich". Dies zu sagen ist nicht Gottesleugnung, ist kein Urteil im Sinn des „Abschieds von Gott", sondern ist ein klärender und reinigender Dienst am Gottesglauben selbst.

Der recht verstandene Schöpferglaube macht gerade darauf aufmerksam, daß die von Gott geschaffene und deshalb nicht mit ihm identische Welt in ihr Eigenes, in ihre Kräfte und Potenzen, in die Fülle ihrer Ursachen und Wirkungen frei gesetzt worden ist und daß es nicht im Gegensatz zur Schöpfung steht, sondern deren Auftrag und Ausführung ist, diese Welt und ihre Kausalität zu entdecken und in der Welt wirken zu lassen.

Der recht verstandene Schöpferglaube deckt die Ursachen nicht zu, sondern legt sie frei, und ihr Wirksamwerden offenbart die Dimension der in die Schöpfung gelegten Kräfte. Das trifft noch mehr zu, wenn die Welt als werdende Welt verstanden wird. Schon *Thomas von Aquin* hat gesagt: Im natürlichen Bereich tut Gott alles durch Ursachen, die er nicht selber ist. Deshalb kann die Erkenntnis und Erschließung dieser realen, empirischen Ursachen und Kräfte und ihre technische Anwendung und Indienststellung kein Argument für die These sein: „Gott ist tot", „Abschied von Gott", denn es ist überflüssig.

Aus dem gleichen Grund ergibt sich ein Weiteres: „Gott" kann mit den Mitteln der Wissenschaft, vor allem mit den Mitteln, Möglichkeiten und Methoden der Naturwissenschaft bis in ihre Vollendung in die Atomphysik und in die Weltraumforschung, niemals entdeckt und verifiziert werden. Das sagt über die Realität Gottes überhaupt nichts aus, sondern beschreibt die Wege und Möglichkeiten der Naturwissenschaft und erklärt deren innere Unzuständigkeit für die Frage nach Gott. Naturwissenschaftlich kann Gott weder bewiesen noch geleugnet werden. Beides stellt eine Überforderung und Grenzüberschreitung dar und ist durch die Sache selbst nicht gerechtfertigt. Das träfe nur dann zu, wenn der Bereich, der naturwissenschaftlich erkennbar und technisch beherrschbar ist, die volle und ganze Wirklichkeit erschöpfte und wenn die Naturwissenschaft einzig und allein imstande wäre, die Fülle all dessen, was ist, zu erkennen, und wenn sie alle Fragen löste, die innerhalb ihrer selbst erwachsen und mit ihren Methoden nicht zu lösen sind.

Es gibt deshalb einen berechtigten *methodischen Atheismus.* Er besteht in der Ausklammerung der Rede von Gott, wo immer es um das durch den Menschen Berechenbare, Planbare, Machbare, Verfügbare, Beherrschbare geht. Der Mensch hat diese – seine – Welt bis in alle Tiefen ausgelotet. Dieser Vorgang konnte nur deshalb zum Ergebnis kommen: „Gott ist tot", denn er ist überflüssig, weil das Reden von Gott undifferenziert mit der Welterfahrung und Weltordnung einer bestimmten Zeit verschmolzen war. Was Sache des Menschen und was Sache Gottes ist, geriet dabei durcheinander und wurde verworren. Der Durchbruch zur exakten Erforschung stand nur scheinbar gegen den Gottesglauben, faktisch war er der Gegensatz zu einem bestimmten Weltverständnis.

Wenn Gott mit der Wirklichkeit verrechnet wird, wird er verabschiedet. Aber er lebt als der letzte Grund der Welt und als tiefstes Geheimnis aller Wirklichkeit, vor allem der Wirklichkeit des *Menschen.*

Die Phänomene des Menschlichen, die Realität der Geschichte, das Geheimnis des menschlichen Herzens, die Tiefe der Person, die Realität des Wortes und der Liebe, die Welt der Kultur und Kunst sind naturwissenschaftlich-technisch nicht zu ermitteln und zu begreifen. Wer würde aus diesem Sachverhalt die Realität der genannten Phänomene leugnen und nicht umgekehrt folgern: Die Erkenntnis der Realität des Menschen, der Person, der Geschichte, des Wortes, der Liebe, der Kultur, der Kunst, muß auf eine andere Weise geschehen? Wie der Mensch verschiedene Sinne hat, um die Fülle der sinnlich erfahrbaren Welt wahrzunehmen, so hat er auch die verschiedenen Vermögen und Wege des menschlichen Geistes, um die Fülle dessen, was ist, zu erkennen.

Noch ein Weiteres ist zu bedenken: Die für den Menschen und seine Existenz entscheidenden Fragen des Woher und vor allem des Wozu, die Frage des Zieles, die

Frage nach Sinn und Zweck sind naturwissenschaftlich und technisch nicht zu lösen. Und gerade sie sind entscheidend in der Situation, die *Einstein* als die Zeit der perfekten Mittel und der verworrenen Ziele charakterisierte. Diesen Fragen, und vor allem dem Problem der verantwortlichen Macht über die Macht, der Frage, ob man alles tun darf, was technisch möglich ist, ist der Vertreter der Naturwissenschaft und Technik ausgesetzt. Er muß sich ihnen stellen und vor ihnen sein Tun verantworten. Damit überschreitet er aber die Möglichkeiten von Naturwissenschaft und Technik als solcher und ist auf Antworten verwiesen, die seine exakten Methoden nicht vermitteln können, die aber für sein Tun unverzichtbar sind. Sonst besteht die Gefahr, daß der Mensch als solcher, als Person, von der Macht, die er technisch ausgelöst hat, je nachdem: manipuliert, verschlungen oder vernichtet wird. Das Problem ist nicht die Atomenergie, sondern das Herz und das Gewissen der Menschen.

Wenn der Gott der Welterklärungshypothese, wenn Gott als Lückenbüßer abgetan wird, dann ist dem nicht nachzutrauern. Denn hier werden Mißverständnisse, Verkürzungen und Verwechslungen abgebaut. Der Abschied von einem so verstandenen, einem mißverstandenen Gott kann zum Anlaß für eine neue Zusage zu dem Gott sein, der nicht ein Stück Welt ist, sondern ihr Schöpfer und Herr, ihr alles tragender Grund – und vor allem: das tiefste Geheimnis des Menschen selbst.

Gott ist nicht tot, aber er ist größer, namenloser, unbegreiflicher, als manchmal gedacht und gesagt wurde. Indes: Von Gott stammeln zu können ist im Blick auf die letzten Fragen der Existenz des Menschen entscheidender, als von der Welt exakt zu reden.

Im Zeugnis des biblischen und christlichen Gottesglaubens wird Gott nicht als Welterklärungshypothese verstanden oder als solcher beschrieben, wenn auch die Aussagen der Bibel im Rahmen und mit den Mitteln des damaligen Weltbilds und der damit verbundenen Vorstellungen gemacht wurden. Wenn die Bibel schon als Buch der Welterklärung gelesen und als Garant eines bestimmten Weltbilds übernommen wurde und wenn daraus tragische und überaus unheilvolle Konflikte entstanden wie im Fall Galilei, dann war es ein Mißverständnis, mehr noch: ein Mißbrauch der Bibel und ihrer Aussageabsichten.

Gott als Lückenbüßer ist höchst überflüssig, aber Gott als Grund, Bedingung und Voraussetzung der Welt, die als endliche ihr Sein dem verdankt, der sie schuf und der man auch als geschaffener und weltlicher Welt das Geschaffensein ansieht, ist nicht überflüssig, sondern unentbehrlich, wenn es zum Wesen und zur Auszeichnung des Menschen gehört, Fragen zu stellen, vor allem die Fragen nach der Herkunft, dem Grund, dem Warum, dem Sinn, dem Ziel, und wenn es unmenschlich ist, ein Frageverbot zu verhängen und auszusprechen. Die Frage, die so fragt, will keinen Lückenbüßer, sondern sucht den letzten, den allein zureichenden Grund von allem, was ist.

Könnte es nicht sein, daß deshalb sowenig von Gott die Rede ist, weil so wenig gründlich und letztlich gefragt wird, weil der Mensch der überwältigenden Macht des Vorhandenen und exakt Feststellbaren, weil er der Faszination des technisch Möglichen verfallen ist und sich damit beruhigt und zufrieden gibt?

So kann man sagen: Es steht zur Entscheidung, ob der Mensch ohne Gott leben, ob er ohne Gott Mensch bleiben kann.

Versuch einer Antwort auf die Thesen des Positivismus

Der Positivismus in seinen Schattierungen versucht seine Bedeutung und seine Stringenz dadurch zu gewinnen, daß er die in der Naturwissenschaft erbrachte Objektivität gegen die sonst vorfindliche Subjektivität ausspielt – in Theologie und Philosophie –, die immer ein Faktor der Unsicherheit und der Unkontrollierbarkeit ist.

Dazu ist zu sagen: Die spezielle naturwissenschaftliche Erfahrung ist – wie wir heute wissen – keineswegs in dem Sinn rein objektiv, daß sie die Wirklichkeit, die Wirklichkeit der Natur, so widerspiegelt, wie sie an sich ist. Auch der Naturwissenschaftler geht mit seiner Subjektivität in den Erkenntnisprozeß mit ein, er zwingt die Natur, auf Fragen zu antworten, die er an sie stellt. Im Experiment stellt er die Natur unter von ihm ausgedachte Bedingungen, zwar um von der Natur belehrt zu werden, aber – so sagt schon Kant – „nicht in der Qualität eines Schülers, der sich von der Natur alles vorsagen läßt, sondern in der Eigenschaft eines Richters, der die Zeugen nötigt, auf Fragen zu antworten, die er ihnen vorlegt".

Die Naturwissenschaft stellt nach *Werner Heisenberg* nicht die Natur an sich dar, sondern beschreibt unser Verhältnis zur Natur. Das subjektive Element wird vor allem in der Quanten- und Atomphysik erkennbar und hat seinen bekannten Ausdruck in der Unschärferelation gefunden. Er empfinde es, sagt Heisenberg, als „eine Befreiung unseres Denkens, daß wir aus der Erfahrung der Physik in den letzten Jahrzehnten gelernt haben, wie problematisch die Begriffe ‚objektiv' und ‚subjektiv' sind ... Die objektive Welt der Naturwissenschaft des vorigen Jahrhunderts war ... ein idealer Grenzbegriff, aber nicht die Wirklichkeit". Das bedeutet: Alle Erkenntnisse, auch die der Naturwissenschaft, sind von einem bestimmten „Erkenntnisinteresse" bestimmt.

Daraus folgt: Wo der Positivismus nicht bereit ist, sich selbst kritisch in dieser Form zu reflektieren, wird er zu einem positivistischen Glauben; wo er aber über sich selbst zu reflektieren sucht, hat er seinen eigenen positivistischen Grundsatz bereits überschritten, nämlich rein objektive Erfahrung zu sein und Erkenntnis dessen, wie sich die Sache wirklich und „an sich" verhält.

Aus dieser Überlegung ergibt sich, wie die vom Positivismus genannte Erfahrung ihrerseits von bestimmten Voraussetzungen geprägt ist. Das heißt, es liegt in ihm selbst mehr an Erfahrung vor, als was sich positivistisch in den Methoden und Ergebnissen zeigt. Der Horizont von Erfahrung – um das geht es in unserer Überlegung – wird noch einmal erweitert durch die bereits genannten Folgen des naturwissenschaftlichen, technischen und positivistischen Denkens. Diese Folgen stellen wiederum einen Teil unserer Wirklichkeitserfahrung dar. Die Folgeprobleme jedoch, die darin gegeben sind, sind positivistisch, technisch oder im Planspiel nicht zu lösen. Dennoch sind sie anzugehen und zu entwickeln: im Rückgriff und im Bedenken der menschlichen Wirklichkeit, die durch Geist, Freiheit, Unterscheidung und Verantwortung bestimmt ist, durch das Bedenken der in der Geschichte der Menschheit niedergelegten Erfahrung, die uns immer wieder aufs neue erschließen kann, wie die Wirklichkeit ist. Im Bereich der Kultur, der Philosophie und der Religion, in dem darin gespeicherten Gedächtnis der Menschheit, liegt ein ungeheurer Schatz von Erfahrung und von Wirklichkeit, den wir einbringen müssen in die Antwort auf die hier uns bedrängenden Fragen.

Ähnlich wie C. F. von Weizsäcker äußert sich auch W. Heisenberg über die vom Positivismus nicht zu lösenden Fragen: Der Positivismus gibt nicht den Kompaß, nach dem wir unser Tun zu richten haben. „Mit den Forderungen der Positivisten, Sorgfalt und Genauigkeit im einzelnen und äußerste Klarheit in der Sprache, wird man sich gern einverstanden erklären. Ihre Verbote aber wird man übertreten müssen; denn wenn man nicht mehr über die großen Zusammenhänge sprechen und nachdenken dürfte, ginge auch der Kompaß verloren, nach dem wir uns richten können".

Für die genannten Probleme bieten sich Möglichkeiten und Kriterien an, nicht zuletzt aus der negativen Menschheitserfahrung. Wir erkennen, was keinesfalls geschehen darf, was unter allen Umständen vermieden werden muß, um eine menschliche und menschenwürdige Welt zu gestalten und in ihr zu leben. Erinnert sei an das Wort des amerikanischen Philosophen *Santayana* (1863–1952), das im Konzentrationslager Dachau steht: „Wer aus den schrecklichen Erfahrungen nichts lernt, kann gezwungen werden, diese Erfahrung zu wiederholen."

Die heute auf Schritt und Tritt begegnende Verachtung und Vernachlässigung der Geschichte und der dort investierten Erfahrungen, die nicht nur zeigen, wie es war, sondern wie es ist, das sich bedenkenlose Ausliefern an die vom Nullpunkt her verstandene Gegenwart bedeutet einen Verlust an Erfahrung, an Wirklichkeit. Davon zu sprechen und es in Anschlag zu bringen ist ein entscheidender Einwand gegen den Positivismus und programmatische und selbstsichere Proklamation von Wirklichkeit und Erfahrung und von Objektivität, die eben nicht das Ganze, sondern nur ein Teil davon ist.

Es gibt noch eine andere Form von Erfahrung: Es ist die Frage, die nach dem Sinn fragt und die immer dort aufsteht, wo es um das Ganze des menschlichen Daseins geht und damit um das Ganze dessen, was wir Welt nennen. In den entscheidenden Situationen unseres Lebens: in der Freundschaft, in der Liebe, im Vertrauen, aber auch in der Krankheit, im Scheitern, in der Schuld und vor dem Tod stellt sich dem Menschen die Frage nach dem Sinn oder nach dem Unsinn des Ganzen. Der Mensch kann dieser Frage in seinem Denken vielleicht zu entrinnen suchen, im praktischen Handeln hat er sie trotzdem irgendwie beantwortet.

In den entscheidenden Stationen unseres Lebens geht es nicht mehr bloß um dies oder jenes, es geht vielmehr um das Menschsein insgesamt, um unser Menschsein in der Welt und um die Frage, was es wert ist. Der Sinn ist also der Entwurf des Ganzen unseres Lebens, aber diesen Sinn finden wir nicht ohne die Welt und ohne die in der Welt gegebene Wirklichkeit. „Nach diesem Sinn fragen die Menschen im Grunde, indem sie nach Glück, Leben, Liebe, Hoffnung, Zuversicht, Erfolg, Macht usw. suchen und fragen. In all diesen Fragen geht es darum, daß das

Leben als Ganzes glückt, rund wird, annehmbar und erfüllt wird. Ein Mensch, der diese Erfüllung nicht findet, wird leer und einsam; er wird krank bis hin zu schweren Neurosen. Vergnügungssucht, ehrgeiziges Erfolgsstreben oder alles zerstörende Revolten sind oft nichts anderes als verzweifelte Versuche, dieser Sinnleere zu entkommen. Nur wo der Mensch Sinn erfährt, kann er sich und die andern annehmen und sich mit der Wirklichkeit versöhnen."

Nur in und durch Sinnerfahrungen kommt der Mensch zum Ganz- und Heilsein seines Daseins. Der erfahrene und verwirklichte Sinn ist letztlich das Heil des Menschen. „Ein lückenlos überschaubarer Universal- und Totalsinn ist für uns nirgendwo greifbar und erfahrbar. Aber wir machen einzelne Sinnerfahrungen. Wir machen sie etwa in einer guten Begegnung mit anderen Menschen, wir machen sie in unserem Gewissen nach einer selbstlosen guten Tat, wir machen sie in der Begegnung mit Werken der Kunst oder im Gelingen unseres eigenen Werkes. In solchen Erfahrungen geht uns etwas auf, daß das Leben und die Welt nicht einfach sinnlos und wertlos sein können. Solche Erfahrungen werden uns also zu Zeichen und Symbolen, wie es um die Wirklichkeit überhaupt steht. In solchen Situationen und Erfahrungen des Menschen verdichtet sich das Ganze in eine konkrete Situation hinein. Solchen Ineins-Fall nennen wir Sinn.

In der Erfahrung solcher Spuren und Zeichen eines universalen Sinns berühren wir eine Dimension der Erfahrung, die wir nicht in der Form der Einzelwissenschaft fassen können. Hier versagt alles bloße Beweiswissen. Hier erfährt der Mensch, daß er sich selbst um ein Unendliches überschreitet, daß er über alles objektiv Erfahrbare ja schon hinaus ist und in eine grenzenlose Offenheit hineinweist. Sinn kann nur erfahren werden, wenn ein Mensch bereit ist, sich auf diese Offenheit einzulassen und sich ihr anzuvertrauen. Sinn kann nur im Tun des Sinnvollen erfahren werden. Man muß den Sinn wagen, um ihn zu erfahren. Und wenn es um den Sinn des Ganzen geht, glaubt auf seine Weise auch der Ungläubige, auch der Unglaube fällt eine Entscheidung für einen ganz bestimmten Sinn, die er niemals ganz durch objektives Beweiswissen einholen kann. Im Streit zwischen Glauben und Unglauben geht es also keineswegs um den Gegensatz zwischen bloßem Wissen und einer zusätzlichen Glaubensentscheidung: Hier steht letztlich Entscheidung gegen Entscheidung, Glaube gegen Glaube. Wie immer aber diese Entscheidung ausfällt: Nur durch dieses Wagnis auf ein Ganzes und Letztes kommt der Mensch zum Sinn selbst. Glaubt er in gar keiner Weise, dann verliert und verzettelt er sein Leben. Würde die Frage nach dem Ganzen ausfallen, dann hätte sich der Mensch zurückentwickelt zu einem findigen Tier" *(W. Kasper).*

Den Gedankengang im Blick auf Wirklichkeit und Erfahrung möchte ich vervollständigen durch einen Hinweis auf Überlegungen des Soziologen *Peter Berger.* Er spricht die Überzeugung aus, daß die Abschaffung der Transzendenz mit einem Triumph der Barbarei einhergehe, und er bemüht sich als Soziologe, in der Erfahrung des Alltags Phänomene namhaft zu machen, die über die positive Erfahrung hinausgreifen und eine Wirklichkeit benennen, die an Wirklichkeitskraft die Alltagswirklichkeit des Positivismus nicht unterbietet, sondern überschreitet, weil sie ein Ziel und eine Sinnspitze namhaft machen, aus denen die Wirklichkeit des Alltags lebt und bestimmt wird. „Es ist ein Vertrauen, eine Zuversicht zum Ganzen der Welt." In seinen vielen Beispielen geht er auch auf jenes Wort ein, das die Mütter in aller Welt zu ihren ängstlichen Kindern sprechen: „Hab' keine Angst, alles wird wieder gut." „Diese Aussage des Alltags" – sagt Berger – „ist rein empirisch betrachtet eine Täuschung, ein Irrtum und eine Lüge. Diese Aussage ist nur wahr, wenn sie als eine Grundaussage über die Wirklichkeit im Ganzen verstanden werden kann, die den Sinn des Daseins zu bejahen vermag, und diese Bejahung in einem nur religiös zu verstehenden Urvertrauen gründet. Nur in einem solchen Vertrauen ist die natürliche Welt, in die wir hineingeboren werden, in der wir lieben, leben und sterben, nicht die einzige, sondern der Vordergrund einer anderen, in der Liebe nicht durch den Tod zunichte wird." Die Welt, „der zu trauen dem Kinde empfohlen wird, ist eben die Welt, in der es sterben wird. Wenn es keine andere Welt geben sollte, so ist die letzte Wahrheit dieser Welt, daß sie Mutter und Kind tötet". Der Liebe der Eltern liegt nicht Lüge aus Liebe zugrunde, sie legt im Gegenteil Zeugnis ab von der wahren Position des Menschen in seiner Wirklichkeit.

Man kann, wenn man will, dies alles als Spiegelung kindlicher Erfahrung der schützend ordnenden Liebe der Mutter und der Eltern ansehen. Was sich da aber spiegelt, ist nach Berger selbst ein Zurückgestrahltes. Religion ist demnach nicht nur eine Projektion der menschlichen Ordnung (vom Standpunkt der praktischen Vernunft her), „sondern sie ist die absolut wahre Bestätigung menschlicher Ordnung".

Berger nennt noch andere Alltagsphänomene, die den Horizont des positivistischen Ansatzes überschreiten: z. B. das Spiel und den Sinn, der dem Spiel innewohnt, das Spiel, das die Zeit vergessen läßt und die Freude intendiert, die so beschaffen ist, daß sie die Wirklichkeit unseres Seins zum Tode hin außer Kraft zu setzen oder mindestens auszuklammern scheint, das Spiel, das Friede und Freiheit gewährt und den Erwachsenen eine beglükkende Wiederkehr des Ursprungs vermittelt, die es ermöglicht, am Rand des Abgrunds frei zu sein. Ein weiteres Phänomen ist die Hoffnung, die ihrerseits die Grenzen der bloßen Erfahrung durchbricht, auf ein Neues ausgreift und in diesem Zug das Zeichen der Transzendenz im Alltag errichtet. Dies alles wäre als Phänomen unerklärbar, wenn die vom Positivismus vermittelte Erfahrung der einzige Bereich wäre, der den Menschen bestimmt. Die Hoffnung ist eine Kraft vor dem Tod, ja sie kann noch in ihm selbst leuchten.

Zum Schluß dieser Überlegungen möchte ich *Max Horkheimer* nennen, einen der Begründer der „Frankfurter Schule". Es ist – meine ich – nicht ohne Interesse zu sehen, daß es in einer Zeit, da es innerhalb der Theologie Bestrebungen gibt, Theologie durch Soziologie zu ersetzen, um ja ganz „up to date" zu sein, unverkennbare Zeichen dafür gibt, daß die Sache der Theologie von Nichttheologen artikuliert wird, wie von dem eben genannten Peter Berger oder von Max Horkheimer. Dieser hat sich dazu geäußert in seinem Buch „Die Sehnsucht nach dem ganz Anderen". Dabei sagt Horkheimer: „Die Welt befindet sich heute unvermeidlich im Übergang zu einer durchorganisierten Gesellschaft, zur verwalteten Welt, also im Grund zum Gegenteil dessen, was man unter dem Reich der Freiheit versteht." Er spricht von der Notwendigkeit, die Welt zu ändern und zu erneuern. In diesem Zusammenhang erklärt er: „Ich möchte über die Kritiker der Theologie sprechen, über die Positivisten, und deutlich machen, daß sich aus der Position des Positivismus keine moralische Politik ableiten läßt. Wissenschaftlich gesehen ist Haß bei aller sozial-funktionellen Differenz nicht schlechter als Liebe. Es gibt keine wissenschaftliche Begründung, warum ich nicht hassen soll, wenn ich mir dadurch keinen Nachteil zuziehe. Alles, was mit Moral zusammenhängt, geht letztlich auf Theologie zurück, jedenfalls nicht auf säkulare Gründe." Im Blick auf die Zukunft meint Horkheimer: „Man wird das Theologische abschaffen, aber damit verschwindet das, was wir Sinn nennen, aus der Welt. Zwar wird Geschäftigkeit herrschen, aber eigentlich eine sinnlose Geschäftigkeit. Eines Tages wird man auch die Philosophie als eine Kinderangelegenheit der Menschheit betrachten. Man wird mit dem Positivismus sagen, es sei läppisch, über die Beziehung von Relativem und Absolutem zu spekulieren."

Die Konsequenzen einer solchen Entwicklung sieht Horkheimer in folgendem: Die Welt wird langweilig werden, weil man das Theologische abzuschaffen versucht, denn damit verschwindet das, was man Sinn nennt. Religionen und Konfessionen müssen – nach Horkheimer – „der Ort der Sehnsucht nach dem ganz Anderen sein; der Sehnsucht, die zum Menschen gehört. Religion und Glaube sollen dem Willen Ausdruck geben, daß das Unrecht, wo der eine schuldlos zu Tode gemartert wird und der Henker triumphiert, nicht das letzte Wort sei, vor allem jedoch soll sie so handeln, wie es der auf Sehnsucht nach dem ganz Anderen begründeten Theologie entspricht". Horkheimer will es bei der Sehnsucht lassen, möchte aber daraus kein satzhaftes Dogma machen.

Auf die Frage, warum er nicht von Gott spreche wie Theodor W. Adorno, der gesagt hat, „einen unbedingten Sinn zu retten ohne Gott ist eitel", erwidert Horkheimer: „Die Behutsamkeit im Umgang mit dem Wort und dem Namen Gottes ist bei mir ein jüdisches Erbe ... Die Hauptsache scheint mir die Neufassung des menschlichen Verständnisses von Gott zu sein. Gott als positiv gesprochenes Dogma wirkt als trennendes Moment. Die Sehnsucht hingegen, daß die Wirklichkeit der Welt mit all ihrem Grauen kein Letztes sei, vereint und verbindet alle Menschen, die sich mit dem Unrecht in der Welt nicht abfinden wollen und können. Gott wird so zum Gegenstand menschlicher Sehnsucht und Ehrung; er hört auf, Objekt des Wissens und des Besitzes zu sein. Ein so verstandener Glaube gehört unabdingbar zu dem, was wir menschliche Kultur nennen. Wir müssen anstreben, daß sich all die Menschen vereinigen, die den Schrecken der Vergangenheit nicht als endgültig betrachten wollen, sich zusammenfinden in der gleichen bewußten Sehnsucht, daß ein der bloß erscheinenden Welt gegenüberstehendes entgegengesetztes Absolutes sei."

Die Befreiung, die der Positivismus zu gewähren verspricht, ist letztlich eine Verengung, weil er weder über die Voraussetzungen noch über die Folgen seiner selbst nachdenkt, um daran zu erkennen, wie er sich in Frage stellt und zugleich überschreitet. Der Erfahrungsbegriff des Positivismus – als Monopol festgehalten – stellt eine Verkürzung von Erfahrung und Wirklichkeit dar. Die von ihm verkündete Befreiung von unnötigen oder falschen Fragestellungen zugunsten der einzig relevanten Frage nach dem positiv Gegebenen, nach dem, was der Fall ist, nach der daraus entnommenen Normativität des Faktischen und dem Wie des Funktionierens, erbringt wiederum eine Versklavung des Menschen in ein Gefängnis von Sachzwängen und Strukturen. Diejenigen, die solches als Freiheit verkünden, merken nicht, daß sie damit erneut in die Unfreiheit zurückzufallen drohen.

Auf das Dreistadiengesetz von Auguste Comte gab einst *Max Scheler* eine heute noch gültige Antwort. Die drei von Comte genannten Stadien sind nach Scheler nicht drei historische Phasen, sondern drei Geisteshaltungen und ursprüngliche Erkenntnisformen des menschlichen Geistes, die nicht zu ersetzen oder zu vertreten sind. Es sind drei völlig verschiedene Motive, drei verschiedene Gruppen von Akten, die in der Religion, in der Philosophie und der Wissenschaft anwesend und wirksam sind. Dem Motiv nach beruht die Religion auf der Suche nach dem Heil, die Philosophie auf der immer neuen Verwunderung über das, was ist, die Wissenschaft auf dem Willen nach Lenkung und Herrschaft. Das Wesentliche des religiösen Aktes ist die schlechthinnige Unerfüllbarkeit seiner Intention durch endliche Ziele, ihre ausschließliche Erfüllung durch das Ziel seiner Intention: des Heiligen und des Göttlichen. Der metaphysische Akt geschieht durch die spontan erkennende und wesensschauende Vernunft, der Akt der Wissenschaft durch Beobachtung, Experiment, Induktion und Deduktion. Ziel aller Religion ist das Heil der Person und der Gemeinschaft, Ziel der Metaphysik ist die Weisheit, Ziel der positiven Wissenschaft ist die Beherrschung von Natur und Welt. Der Persönlichkeitstyp der Religion ist der Heilige, der der Metaphysik der Weise, der der Wissenschaft der Forscher. Die soziale Gruppe, die diesen Formen entspricht, ist bei der Religion die Gemeinde, die Kirche, die Sekte; die Gruppe der Metaphysik ist die Schule im antiken Sinn, die der positiven Wissenschaft die „wissenschaftliche Republik". Die geschichtliche Bewegungsform der Religion ist das immer tiefere Eindringen in den Offenbarungsgehalt, den der homo religiosus, zumal der Religionsstifter, geschaut, mitgeteilt und gelehrt hat; das Gesetz des religiösen Fortschritts ist nicht prospektiv, sondern retrospektiv: ein Zurück zu den Quellen, Reformation. Die geschichtliche Bewegungsform der Metaphysik ist personhaft gebunden an das geistige Antlitz ihres Urhebers, der einmalig und unersetzlich ist und der national und kulturkreishaft gebunden bleibt. Ihre Bewegung ist das Wachstum und die Vervollkommnung der verschiedenen metaphysischen Typen und Systeme, die in ihrer Grundstruktur immer wiederkehren und die durch keinen Fortschritt der Wissenschaft entwertet werden können. Die geschichtliche Bewegung der positiven Wissenschaft ist der unendliche Prozeß, der kumulative Fortschritt, die Kontinuierlichkeit, die weder an die Nation oder die Kulturkreise noch an die Persönlichkeit gebunden sein kann, die Arbeitsteilung, die Überholung und Entwertung durch neue Erkenntnisse.

Bei Religion, Metaphysik und Wissenschaft handelt es sich also nicht um drei Phasen und Phasenablösungen, sondern um die Artikulation von drei Funktionen, die mit dem Wesen des Menschen ursprünglich gegeben sind. Damit wird auch die von Comte aufgestellte These zurückgewiesen, daß nicht einmal mehr für die Frage nach Gott Platz sei. Es ist nicht wahr, daß – wie Comte meint – Gott sowohl in der Gestalt des Theismus wie des Atheismus völlig überholt sei und daß er verschwand, ohne eine Frage zu hinterlassen. Gott ist die heute gefragte Frage.

Von denselben Voraussetzungen muß auch das Verifikationsprinzip des Positivismus und des Neopositivismus durchdacht werden. Dem Satz: Alle Aussagen sind Aussagen über Tatsachenverhältnisse, die aus der Erfahrung stammen und durch die Erfahrungen verifiziert werden müssen, ist zuzustimmen; zugleich ist zu bestreiten, daß es nur die Erfahrung gibt, die im Positivismus zugrunde gelegt wird. Auch hier sei ein Gedanke Heisenbergs erwähnt: „Mit der Forderung, äußerste Klarheit in allen Begriffen anzustreben, kann ich mich natürlich einverstanden erklären; aber das Verbot, über die allgemeinen Fragen nachzudenken, weil es dort keine in diesem Sinne klaren Begriffe gebe, will mir nicht einleuchten; denn bei einem solchen Verbot könnte man auch die Quantentheorie nicht verstehen."

Ebenso legitim ist die Sprachanalyse und die dabei verlangte Verantwortung in der Sprache und für die Sprache. Aber es ist zu bestreiten, daß Sprachanalyse die einzig mögliche und sinnvolle Form von Philosophie sei und daß deren ganzer bisheriger Weg ein einziger Irrtum gewesen sei. Der im Positivismus erhobene Anspruch ist seinerseits zu hinterfragen.

Er wird heute hinterfragt von einer Art des Denkens und des Fragens, in dem sich in der Gegenwart Christen und Marxisten zusammenfinden, die gemeinsam gegen die Verengung durch den Positivismus Stellung nehmen. So verschieden ihre Auskünfte und Antworten sein mögen, sie alle verstehen sich nicht dazu, die vom Positivismus aller Schattierungen verhängten Frageverbote über die Sinnfrage zu übernehmen und sich davon in Bann schlagen zu lassen. Am wenigsten sollten sich von diesem Verbot die Theologen betreffen lassen. Sie sollten sich diesen Fragen öffnen und den Mut haben, sich ihnen zu stellen.

Wenn die These, Sätze, die Gott zum Subjekt haben, seien sinnlose Sätze, zutrifft, dann müßte man als Konsequenz hinzufügen: Sätze, die die Erfahrungen des Lebens, die Liebe und Schuld, Recht und Unrecht, Gut und Böse, aber auch Kunst, Dichtung und Literatur zum Subjekt haben, sind sinnlose Sätze. Doch – wie im wahrsten

Sinn – nichtssagend, ortlos und hoffnungslos wäre dann unser Leben.

Antwort auf die Thesen der Psychoanalyse, vor allem bei Sigmund Freud

Der Versuch, von ähnlichen Erscheinungsbildern und Symptomen aus auf die gleiche Ursache zu schließen, wie es Freud in seinen ersten Schriften tut und womit er die Religion als Neurose zu bestimmen versucht, ist vom Ansatz her nicht legitim. Ähnlichkeiten sind nicht Kausalitäten. Über den Sinn von Funktionen, Äußerungen und Formen kann man von der Psychologie und Psychoanalyse her nichts entscheiden. Das ist ein bleibendes Ergebnis der Phänomenologie gegenüber allen Formen des Psychologismus. Das ist zu Freuds Vergleich von Religion und Neurose zu sagen.

Wenn wir Freuds Spektrum von Religion beachten, erkennen wir, daß er nur einen Ausschnitt von religiöser Wirklichkeit und Praxis vorstellt, vor allem, insoweit sie durch Ritus, Zeremoniell und deren Beobachtung gegeben sind. Es wird nicht gefragt, ob Religion etwas anderes ist und andere Erscheinungs- und Wirkungsweisen habe als diejenigen, die zum Erscheinungsbild der Neurose passen.

Der Theologe und Psychotherapeut *J. Scharfenberg* legt seiner Untersuchung folgende Unterscheidung zugrunde: Wenn Freud die Religion mit Zwangsneurose vergleicht, so meint er damit ein Zerrbild von Religion, er meint nicht die Religion als solche. Freud bezeichnet – das ist für Scharfenberg eine Parallele – auch die Hysterie als Zerrbild der Kunst und die Paranoia als Zerrbild der Philosophie. So könnte es sein, daß Freuds Kritik in Wahrheit hilft, den Glauben und die Religion von den Verzerrungen ihrer pathologischen Zusätze zu befreien. Das heißt: Freud meint nach Scharfenberg gar nicht Religion im eigentlichen Sinne, sondern hat das Zerrbild von Religion vor Augen. Dem ist zuzustimmen. Aber ebenso ist zu sagen, daß Freud nicht ein Zerrbild von Religion treffen will, von dem sich die eigentliche Religion unterscheidet: Freud kennt Religion nur in der Form des Zerrbilds und der Neurose, das Bild von Religion ist eben das Zerrbild.

Gegen die Bestimmung von Religion als Neurose sei eine auf der gleichen Basis ruhende Gegenposition genannt: die von *C. G. Jung,* der die gleichen – psychoanalytischen – Methoden anwendet, den gleichen psychischen Tatbestand zur Verfügung hat, aber zu ganz anderen Schlüssen und Resultaten kommt. Nach Jung – aber auch nach *Viktor Frankl* – ist Religion nicht unter die Kategorie der Neurosen einzureihen. Der Tatbestand ist vielmehr so: „Der Ausfall der religiösen Dimension kann Grund und Ursache für Neurose werden. Denn Religion gehört zum Archetypus des Menschen. Die Erscheinungsweisen der Religionen entsprechen den Motiven, Inhalten und Gestalten, die sich archetypisch im Menschen finden." Unter diesem Aspekt sieht Jung auch die Inhalte des christlichen Dogmas, ihnen entspricht eine seelische Korrelation. Daraus folgt: nicht die Religion, sondern der Ausfall von Religion kann zu Neurosen führen. Religion ist nicht ein Weg zur Entfremdung oder zur Illusion, sondern ein Weg zum Werden des eigenen Selbst. Deshalb sind Symbole und Mythen nicht abzuschaffen, sondern in ihrem Sinn zu erschließen und sehen zu lassen.

Dadurch wird auch deutlich, daß der Bereich der Religion von Freud zu eng begrenzt ist. Religion kann nicht nur durch die Vorstellung vom Urvater und von der Rebellion gegen ihn, vom Vatermord und von dem Versuch der Wiederversöhnung beschrieben werden. Es gibt viele Religionen, wo dieses Motiv überhaupt nicht auftaucht, etwa in den östlichen Religionen, im Hinduismus und im Buddhismus. Ebenso wird man sagen: Wenn man in dieser Weise das Christliche zu interpretieren versucht, geht man am Entscheidenden in der Gestalt und der Intention Jesu vorbei. Die religiösen Phänomene der Absichtslosigkeit, des Dankes, des Preisens, der Hingabe, der selbstlosen Liebe, der innerweltlichen Unerfüllbarkeit kommen bei Freud überhaupt nicht zum Tragen; sie können von seinen Grundsätzen aus auch nicht erklärt werden. Dazu kommt, daß Freud die Religion nur in einer Orientierung nach rückwärts kennt. Freud kennt keine Möglichkeit einer Veränderung, einer Geschichte, einer Erneuerung innerhalb der Religion und des Glaubens selbst. Damit verkennt er die Realitäten der Geschichte der Religion und des Glaubens. Freud kennt auch nicht einen Fortschritt für die Zukunft, ein Wachstum innerhalb der Phasen der Religion selbst von der Unmündigkeit zur Mündigkeit und zur Reife, oder von der Totemreligion zu den Hochreligionen, zu den Kulturreligionen.

Die Freudsche Darstellung von Ontogenese und Phylogenese, die Parallelisierung von Einzelentwicklung und Gesamtentwicklung und deren Anwendung auf die Entstehung und die Bestimmung von Religion als Primitivität, als Infantilismus, übersieht die Tatsache, daß es in allen Stufen der menschlichen Strukturen den Unterschied zwischen Kind und Erwachsenem gibt, daß man nicht einfach die früheren Formen mit dem Prädikat des darin dominierenden Infantilismus bestimmen kann.

Zum Phänomen des Gewissens ist folgendes zu sagen:

Das Gewissen nimmt teil am Leben, Werden, Wachsen und Reifen des Menschen und durchläuft die verschiedenen Stadien: des Gewöhnungsgewissens des Kindes, des Autoritätsgewissens und des freien, selbständigen personalen Gewissens. Deshalb ist es nicht verwunderlich, daß hier die Elemente eine Rolle spielen, die das Leben des Menschen auf seinem Weg bestimmen: die Autorität des Vaters, der Eltern, der Gesellschaft und die dabei herrschenden Normen und Normensysteme. Das von Freud so genannte Über-Ich, das nach ihm die früheren Phasen ablöst, aber die von ihnen bestimmten Verhaltensmuster beibehält, kann als eine Art seelischer Struktur an der Reifung der Person teilhaben. Es wirkt dort im Sinn einer

Entlastung für das Fragen und Suchen in den Situationen, die von Sitte, Geschmack und Konvention herrühren und die eine gewisse Vorentscheidung treffen im Sinn des: „Das tut man, das tut man nicht".

Aber bei dieser Situation bleibt es nicht im Verlauf des menschlichen Daseins und in den Fragen, in denen der Mensch sich vor eine Gewissensentscheidung gestellt sieht. Denn das Gewissen kann die genannten Autoritäten: Vater, Gesellschaft, Konventionen, das Faktische relativieren und hinter sich lassen. Das mündig gewordene Gewissen fragt nicht danach, ob ein Verhalten irgend jemandem gefällt, ob es Strafe, Liebesverlust oder Mißgefühle mit sich bringen könnte, sondern es fragt danach, ob das Tun sich in den Sinn des Lebens in der rechten Weise einfügt, ob es in der Wesensordnung des Menschseins, in der Gerechtigkeit oder in der falschen Zielrichtung steht. Der Ursatz des Gewissens lautet: Das Gute ist unbedingt zu tun, unabhängig davon, ob es den Autoritäten der Kindheit oder Gegenwart gefällt. Der absolute Imperativ des Gewissensspruchs läßt keine Relativierung zu. Gewiß bedarf dieser Ursatz der Konkretion in der Vielfalt: Dieses oder jenes ist das jetzt und hier zu tuende Gute. In dem Bereich des praktischen sittlichen Einzelurteils gibt es viele Probleme der Variabilität, auch der Verwechslung von Gewissen und Über-Ich. Trotzdem gilt: Die Umwandelbarkeitsseite des Gewissens bleibt, auch wenn die Anwendung ein weites Feld von Modifikationen eröffnet. Natürlich gibt es auch den Mißbrauch: Mit Berufung auf das Gewissen kann man alles Mögliche kaschieren: Egoismen und eigene Interessen. Das Kriterium des echten Gewissensentscheides ist der Ernstfall, da es gilt, dem Wort des Gewissens zu folgen und dieses Wort höher zu stellen als alle Vorteile und Nachteile.

Dieser Ernstfall begegnet im Leben der Bekenner, der Zeugen, der Martyrer. Die Tat der Geschwister Scholl und Professor Kurt Hubers ist nur als Befolgung jenes Wortes zu verstehen, das einem Buch den Titel gab, das den Männern und Frauen des Widerstandes gegen den Nationalsozialismus gewidmet ist: „Das Gewissen steht auf". Diese Tat ist weder mit der Autorität des Vaters noch mit der herrschenden Konvention – sie war genau der Widerspruch dazu – noch mit dem Über-Ich zu erklären, noch weniger ist sie daraus zu verstehen, sondern mit einer Option, die mit letzter Kraft sich für die Negation des Negativen einzusetzen bereit ist.

Die Freudsche Deutung der Religion Israels und seine Deutung des *Moses* ist reine Phantasie. Von einer Tötung des Moses ist nichts bekannt. Ebensowenig davon, daß der Kult Israels eine Sühne für diese Tat sein sollte. Die ungleich wichtigeren Elemente im Alten Testament, das Prophetentum, der Bund, die Forderung nach Barmherzigkeit, die Verheißung von Frieden und Gerechtigkeit, stehen unter ganz anderen Zeichen, als es die Phänomene sind, die Freud vorstellt.

Noch problematischer ist es, die Aussagen des Neuen Testaments unter die von Freud dargelegten Kategorien zu subsumieren. Die Aussagen vom Geschick Jesu, die Bedeutung seines Todes und seiner Auferstehung, die Aussagen von Gott als Vater, Sohn und Geist sind mit den Begriffen Freuds nicht zu fassen. Gerade im Neuen Testament wird nicht – wie Freud allen Religionen anlastet – archaistisch gedacht im Sinn einer ständigen Rückwärtsschau oder einer Wiederkehr des Gleichen, sondern dort wird in den Kategorien gedacht: Das Alte ist vergangen, Neues ist geworden. Noch viel weniger wird hier das Wunschdenken zum Leitmotiv seiner vielfältigen Aussagen erhoben.

Nach Freud ist es die Aufgabe der Psychoanalyse, hysterisches Elend in normales Unglück zu verwandeln. Aber was macht er mit „seinem normalen Unglück"? Im Anschluß an das Wort Wittgensteins: Wenn alle wissenschaftlichen Probleme gelöst sind, ist noch kein einziges Lebensproblem gelöst, könnte man sagen: Wenn die Neurosenprobleme gelöst sind, kommen die entscheidenden

Lebensprobleme zum Vorschein. Freud stellt sich selbst folgendes Problem: „Wenn ich mich frage, warum ich immer gestrebt habe, ehrlich, für den anderen schonungsbereit zu sein und womöglich gütig, und warum ich es nicht aufgebe, als ich merkte, daß man dadurch zu Schaden kommt, dann weiß ich allerdings keine Antwort." Diese Antwort ist sehr wohl eine Antwort.

Freud erkennt nicht, daß Wunsch nicht nur Infantilität besagt und keineswegs nur als Indiz des Negativen und der Illusion zu werten ist. Der Wunsch kann Zeichen einer echten, den Menschen nicht verfremdenden, wohl aber ihn transzendierenden Realität sein. „Warum soll der Mensch nicht Wunschdenken?" fragt *Albert Görres.* Es gibt berechtigte und notwendige, sehr menschliche Wünsche, z. B. den Wunsch, daß dieses Ganze, unser Leben also, kein irrsinniges Spiel ohne Ziel sein sollte, sondern ein sinnvolles Gebilde. Es gibt den Wunsch, daß Unsinn, Ungerechtigkeit nicht das letzte Wort behalten. „Ich bin nur bereit, diesen Wunsch aufzugeben, wenn ich irgendeinen triftigen Grund finden sollte, ihn als unerfüllbar anzusehen. Einen solchen triftigen Grund habe ich bis heute nicht gefunden. Freud selbst zeigt keinen einzigen; er behauptet einfach, das Leben sei objektiv sinnlos, ohne auch nur die Spur eines Beweises dafür anzuführen." Darüber hinaus müßte man sagen, auch der Atheismus kann das Produkt eines Wunschdenkens sein und dem Wunsch entstammen: Ich will nicht, daß es eine Instanz gibt, vor der ich mich zu verantworten habe.

Freud stellt Religion in den Gegensatz zum Logos. Damit wird er der Funktion des Logos, der Einsicht, der Begründung, der Rechtfertigung, die für den Glauben selbst – vor allem für den christlichen Glauben – in Anschlag gebracht wird und im Faktum einer kritischen theologischen Reflexion geschieht, nicht gerecht.

Freud stand viele Jahre in Korrespondenz mit einem evangelischen Theologen, dem Schweizer Pfarrer *Oskar Pfister.* Gegen Freuds „Zukunft einer Illusion" hat Pfister eine Gegenposition entworfen mit dem Titel *„Illusion einer Zukunft“*, wo er an Freuds Wissenschaftsoptimismus Kritik übt. Er fragt: „Ist es so ausgemacht, daß der Fortschritt der Wissenschaften die Totalsumme der Lebensfreude bisher vermehrte? Was wird aus den schönsten Errungenschaften, wenn sie in den Dienst der Genußsucht, des Profits und der Grausamkeiten gestellt werden?“ Pfister formuliert gegen Freud: „Religion ist gerade nicht das Eia Popeia vom Himmel, sondern echte Kritik an der Kultur, am Bestehenden, sie gibt die Kraft der Veränderung.“ Die von Freud vorgenommene Teilung: Progression hat es mit Wissenschaft, Regression hat es mit Religion zu tun, ist unhaltbar.

Die Freudsche Kritik tut – aufs Ganze gesehen – trotz allem den Dienst einer Läuterung und Reinigung an manchen religiösen Praktiken, Riten und Vorstellungen. Sie kann uns ein lebendiges, waches und kritisches Gespür vermitteln für die Unterscheidung zwischen Gott und Götzen und dem dazugehörenden Verhalten. Die Freudsche Kritik ist ein Hinweis auf den Ernst des zweiten Gebotes „Du sollst dir kein Bild machen“ – ein Satz, der zusammenzulesen ist mit dem andern, daß der Mensch nicht anders von Gott reden kann als dadurch, daß er sich ein Bild macht. Aber Gott geht in keines dieser Bilder voll ein und kann damit nicht identifiziert werden. „Was sagt ein Mensch, wenn er von DIR etwas sagt? Und doch wehe denen, die da schweigen wollten über DICH“ (Augustinus).

Antwort auf die These von Tilmann Mosers „Gottesvergiftung“ Geschichte eines Missbrauchs

Wenn man den Gründen nachzugehen sucht, die Tilmann Moser zu seiner leidenschaftlichen Anklage und zu seinem Haß gegen Gott motiviert haben, so sind es bestimmte Vorstellungen von Gott, die sein Leben von Kindheit an geprägt haben: Es ist die Vorstellung von einem Gott, der alles hört und alles sieht und auch die geheimsten Gedanken erkennen kann. Es ist ein Gott, dessen oberstes Ziel die Vergeltung und die Rache ist. Tilmanns Gott ist der Gott erbarumungsloser Grausamkeit. Dafür stehen ihm einige biblische Berichte und Zeugnisse zu Gebote, die Berichte von den Kriegen Jahwes mit dem Ziel der totalen Vernichtung der Feinde und die Berichte von den Strafen dieses Gottes an einzelnen Menschen und Gruppen, am meisten aber der Bericht, da Gott Abraham befiehlt, seinen Sohn Isaak zu opfern. In gleicher Weise betrachtet Moser den Tod Jesu: Gott verlangt den Tod des vielgeliebten Sohnes als Preis für die Erlösung der Menschen.

Diese Motive Tilmann Mosers wurden teils legitimiert, teils bestärkt durch die in seiner Familie und im Religionsunterricht gelehrte Lehre Calvins von der doppelten Prädestination. Moser schreibt: „Als im Religionsunterricht die Prädestinationslehre besprochen wurde, nach der es durch deinen unerforschlichen Ratschluß den Menschen von Anbeginn bestimmt ist, ob sie zu den Geretteten oder den Verdammten gehören, überfiel mich eine entsetzliche Lähmung, weil alles ausweglos erschien.“ Immer bedrückt ihn die Vorstellung einer ewig lauernden Verdammnis. „So daß ich keinem Menschen glauben konnte, wenn er sagte, er liebe mich. Ich habe das dann für eine Täuschung gehalten und ließ mich nicht heilen von dir, sondern dachte verächtlich über den Versuch, mich zu lieben.“

Zwischen der Niederschrift und der Publikation dieses

Buches ist nach Mosers Eingeständnis ein Jahr vergangen. Von ihm sagt er, daß er einige Seiten an Gott entdeckt habe, für die er dankbar ist: „Ich wollte dir sagen, inwieweit du, die große Krankheit, auch dein Gutes gehabt hast: Dich überstanden zu haben gibt mir Selbstbewußtsein; von der riesigen Krücke nicht erschlagen worden zu sein, ein Gefühl von Kraft. Zutrauen werde ich nie mehr zu dir haben können. Aber ich weiß auch, daß du anderen freundlicher begegnet bist. Soweit sie dich brauchen, um nicht noch mehr zu leiden, werde ich nicht gegen dich sprechen. Es genügt mir, daß ich dich nicht mehr brauche. Wieviel Gewicht dir andere belassen wollen, darin will ich ihnen nicht dreinreden. Aber was wird an deine Stelle treten, die riesigen Leerstellen füllen, wo du dich ausgebreitet hattest? Nicht alle müssen gefüllt werden. Das Haus kann schrumpfen, es war unnötig groß. Und was du für dich an wunderbaren Eigenschaften gepachtet hattest, werde ich bei den Menschen wiederfinden. Wenn ich in manche Gesichter sehe, empfinde ich keinen Verlust mehr, und menschliche Gesichter werden deines ersetzen, weil deines unmenschlich war. Meine Augen lernen sehen, seit du mir nicht mehr den Horizont verdunkelst."

Ein Schlüssel zum Verständnis und ein Beitrag zur Lösung vieler Fragen ist der Satz von Tilmann Moser – wiederum an Gott direkt gerichtet: Deine Geschichte ist nichts anderes als die Geschichte deines Mißbrauchs. Wenn dem so ist, dann wird deutlich, daß Moser einem mißbrauchten Bild von Gott erlegen ist. Darin liegt zugleich das Eingeständnis, daß es ein anderes, nicht mißbrauchtes Bild von Gott gibt, daß Mosers Bild von Gott höchst selektiv, subjektiv und einseitig ist. Zugleich ist allerdings zu sagen, daß dieser Mißbrauch Gottes im Bewußtsein vieler Menschen lebte und lebt. Daraus erklärt sich auch die große Wirkung dieses Buches.

Wenn Moser sagt: Deine Geschichte ist nichts anderes als die Geschichte deines Mißbrauchs, dann beklagt er eigentlich nicht den mißbrauchten Gott, sondern sich selber als Opfer dieses Mißbrauchs. Dann ist hinzuzufügen: Nicht nur der, der den mißbrauchten Gott gebraucht, weil er ihm nützlich scheint, sondern auch der, der den mißbrauchten Gott verwirft, weil er ihm schädlich ist, mißbraucht Gott noch einmal.

Albert Görres spricht in einer Besprechung von Mosers Buch von der Absurdität, die darin besteht, an einen Gott hin zu fluchen, dessen Nichtexistenz dem Fluchenden gewiß ist, und er fragt, ob das Zähne fletschende Gottesmonstrum der Gott Jesu Christi sei.

Dem fügt er hinzu, daß in Mosers Darstellung, die im Grunde eine Autobiographie ist, der entscheidende Schritt ausblieb: „Der Überschritt von einem allzu menschenähnlichen Kindergott zu dem, der menschliches Urteilen und Ermessen nicht begreifen kann."

Immerhin ist Moser offen und tolerant genug, zu sagen: „Freut euch, wenn euer Gott freundlicher war."

Diese Möglichkeit gesteht er durchaus zu.

In einer eindringlichen Rezension über Tilmann Mosers Buch sagt *Albert von Schirnding:* „Tilmann Mosers Buch ist nicht nur Selbstanalyse, sondern unternimmt auch den Versuch einer Selbstheilung. „Dabei bedient er sich einer unheimlichen Methode. Mittels einer Art von Gottes-Exorzismus will er das überdimensionale Du, von dem das Ich sich zugleich riesenhaft aufgebläht und unerträglich gedemütigt erfuhr, aus seiner Seele bannen. Die Illusion wird zum unmittelbaren Gegenüber, ihre Entlarvung zum Gebet an den, der auf solche Weise endgültig zu Tode gebetet werden soll. Eine Verurteilung in und wegen Abwesenheit des Angeklagten – aber in einer Form, die seine geradezu überwältigende Anwesenheit voraussetzt. Ob solche Konstruktionen zum ersehnten Ziele führen, scheint mir mehr als fraglich. Die hier praktizierte Psychologie ist nicht weniger anfechtbar als Mosers theologische Weisheit: An die durch den Tod Gottes freigewordene Stelle werden, so verheißt sie allzu zuversichtlich, die Menschen treten. Man wird gut daran tun, diese Schrift gar nicht primär unter psychologischen oder theologischen Gesichtspunkten zu lesen. Ihren Rang hat sie als document humain."

Als Gegenbild zu Tilmann Mosers Buch sei das Zeugnis von *Eva Zeller* zitiert, die ausdrücklich auf die „Gottesvergiftung" Bezug nimmt.

„Daß mir sehr früh keine Gottesvergiftung, sondern das Gegenteil zustieß, ist ein biographisches Ereignis, ohne das ich sicher nicht 25 Jahre später versucht hätte, geistliche Lyrik zu schreiben. In meinem Roman ‚Solange ich denken kann' steht: Mein Leben wäre wie nicht gelebt ohne die Worte, die das Kind auf der Empore der Kirche zum erstenmal hörte, ein reich beschenktes, das sich nicht wird entschließen können, wieder ärmer zu werden.

Es wäre denkbar, daß frühe Erfahrung später verschüttet oder in ihr Gegenteil verkehrt wird. Offenbar aber ist diese Mitgift nie auszumendeln gewesen und als Maßstab und Frage erhalten geblieben. Ich übertreibe nicht, wenn ich sage, mir hat vieles, was im AT oder NT steht, niemals und zu keiner Zeit Ruhe gelassen. Aber der Umstand, daß ich diesen unerhörten Stoff Bibel nie als einlullend, nie als harmonisierend, sondern als herausfordernd erfahren habe, ist zweifellos der Grund, weshalb ich nie davon losgekommen bin.

Hier findet der Umsturz des Denkens statt. Das Christentum ist eine denkende Religion, denn wo gäbe es eine kühnere, anrührende, noch nie dagewesene Aussage, als daß Gott das Gespräch mit uns durch einen Menschen angefangen hat? Indem ich diesem Menschen Jesus von Nazareth als Gewährsmann zuhöre, ihm vertraue, wird aus Denken Glaube.

Der Glaube, so Luther, geht alle Zeit auf eine Person zurück, auf die Person, die gesagt hat, in den Elenden und nirgends sonst findet ihr mich; auf eine Person, die alle Machtverhältnisse auf den Kopf gestellt hat durch den

Verzicht auf Macht. Das ist mir das Wichtigste am Evangelium geworden.“

Auf unser Thema gibt es wohl kaum eine bessere oder auch einleuchtendere Antwort als ein berühmtes Wort von *Martin Buber:* „Gott, es ist das beladenste aller Menschenworte, keines ist so besudelt, so zerfetzt worden. Gerade deshalb darf ich darauf nicht verzichten. Die Geschlechter der Menschen haben die Last ihres geängstigten Lebens auf dieses Wort gewälzt und es zu Boden gedrückt. Es liegt im Staub und trägt ihrer aller Last. Die Geschlechter der Menschen mit ihren Religionsparteiungen haben das Wort zerrissen, sie haben dafür getötet und sind dafür selbst gestorben. Es trägt ihrer aller Fingerspuren und ihrer aller Blut. Wo fände ich ein Wort, das ihm gliche, um das Höchste zu bezeichnen? Wir müssen die achten, die es verpönen, weil sie sich gegen das Unrecht und den Unfug auflehnen, die sich so gern auf die Ermächtigung durch Gott berufen. Aber wir dürfen es nicht preisgeben. Wir können das Wort Gott nicht reinwaschen, und wir können es nicht ganzmachen, aber wir können es befleckt und zerfetzt, wie es ist, vom Boden erheben und aufrichten über eine Stunde großer Sorge.“

III.

Gott ist nicht tot

In dem Versuch einer Antwort auf die Texte, die die Frage: „Abschied von Gott?“ zum Gegenstand haben, ist schon das meiste gesagt, was in einer abschließenden Antwort noch zu sagen wäre. Neben dem Verstehen ging es vor allem darum, Fragen an die Fragen zu stellen, also zu prüfen, ob die Texte zu den Aussagen und Folgerungen berechtigen, die dort aufgestellt wurden, vor allem dann, wenn sie die Frage: „Abschied von Gott?“ mit einem endgültigen Ja beantworten.

In den nun folgenden „abschließenden“ Überlegungen kann es nicht darum gehen, die bereits gegebenen Antworten zu wiederholen. Es soll vielmehr versucht werden, in der Form einiger Thesen zu verdeutlichen, wie der Aufweis des „Gott lebt“ geschehen kann.

Gott, der Urgrund

Wenn auch – darauf wurde bereits hingewiesen – die Welt heute nicht so sehr als Werk und Schöpfung Gottes denn als Werk des Menschen erscheint und wenn sie nicht so sehr die Ehre Gottes, als vielmehr den Ruhm des Menschen verkündet: Die Welt als Ganzes trägt wie eh und je – ihre Endlichkeit ist die deutlichste Spur davon – das Zeichen des Geschaffenseins und verweist in dieser ihrer Grundstruktur auf den, der aus der Schöpfung erkannt werden kann; der in ihr als seinem Werk sich mitteilt, der nicht ein Teil der Schöpfung, sondern ihre alles begründende Bedingung und Voraussetzung ist: der allmächtige Schöpfer des Himmels und der Erde, der, den wir Gott nennen. Was in diesem Urverhältnis ausgesagt ist: daß das Geschaffensein sich nicht aus sich selbst begründet und versteht, sondern den Schöpfer erfordert, daß alles, was ist, einen Grund voraussetzt, der Sein spenden und mitteilen kann, auf daß das Seiende sei – das ist an keine geschichtliche Phase oder an eine bestimmte Stufe des

Weltbilds gebunden und kann, weil es ein Ur- und Grundverhältnis ausspricht, durch nichts eingeholt, grundsätzlich verändert oder gar abgeschafft werden. Denn auch und gerade die weltliche Welt hat als letzte Voraussetzung und Bedingung ihrer selbst den Schöpfer aller Dinge, der die Welt in ihr Eigenes entlassen und sie dem Menschen überantwortet und zur verantwortlichen Verwaltung übergeben hat.

Eine solche Betrachtung ist einem Denken möglich, das sich mit dem Vorhandenen und seiner funktionalen Erklärung nicht zufrieden gibt, sondern nach dem umgreifenden Grund und der letzten Herkunft all dessen fragt, was ist. Um der Gottesfrage überhaupt ansichtig zu werden, ist es notwendig, daß der Mensch diese große Möglichkeit seines Geistes, das philosophische und metaphysische Fragen, nicht verschüttet, sondern wieder ans Licht gelangen läßt, daß er wieder im umfassenden Blick geistig sehen lernt, daß er realisiert, was Paulus in die Worte faßt:

„Das Unschaubare (Gottes) ist seit Erschaffung der Welt an den geschaffenen Dingen mit der Vernunft zu schauen: seine ewige Macht und sein Gottsein – so daß die Menschen unentschuldbar sind" (Röm 1,20).

Man kann auch keineswegs behaupten, daß der heutige Vertreter der Naturwissenschaft für diese Wirklichkeit keinen Blick mehr hätte, im Gegenteil: Die Gesetze, die er erforscht und in den Dienst nimmt, schafft und erfindet er nicht, er entdeckt sie und findet sie vor. Er vermag durchaus auch und gerade heute in ihnen eine höhere Vernunft zu erkennen, eine Weisheit, die nicht Menschenwerk ist, aber den Menschen mit Bewunderung erfüllen kann. Man kann geradezu sagen: Je mehr die Welt in ihrer Gesetzmäßigkeit, in ihren Kräften und Möglichkeiten erforscht und entdeckt wird, desto mehr kann der Blick für jene Wirklichkeit offen und frei werden, die letzter umgreifender und schöpferischer Grund aller Dinge ist. Und viele

Naturforscher – es sind die größten unserer Zeit – geben dieser neuen Perspektive Raum und sprechen sie aus – nicht als Zugeständnis an ein noch nicht eingeholtes Wissen, sondern als eine Folgerung aus der gewonnenen Einsicht und der sie in den Dienst nehmenden Technik.

Statt vieler Dokumentationen sei – gleichsam stellvertretend – ein Satz von Wernher von Braun zitiert:

„Es ist unmöglich, vorauszusagen, welcher Art alle die Entdeckungen sein werden, die solche zukünftigen interplanetarischen Expeditionen machen werden, aber wir können gewiß sein, daß wir vor einer Revolution unserer wissenschaftlichen Erkenntnisse stehen. Aber es wird auch eine Revolution der menschlichen Perspektive sein, und deshalb glaube ich, daß wir nicht besorgt zu sein brauchen, daß die Raumfahrer der Zukunft in ihren himmelstürmenden Entdeckungsreisen ihre Maßstäbe und ihre Demut verlieren werden. Der unendliche Sternenhimmel, der sie dort draußen umgibt, wird ihnen eine stete Mahnung sein, daß es eine Kraft gibt, die größer ist als der Antriebsschub ihrer Raketenschiffe, daß es einen Geist gibt, der größer ist als der kalte Verstand ihrer elektronischen Rechenmaschinen, und daß es eine überweltliche Macht gibt, die größer ist als die Macht ihrer eigenen Nation."

Dazu muß noch gesagt werden, daß gerade der technische Mensch, wenn er seine Sache und seine Welt richtig und in ihren Konsequenzen bedenkt, eine eminent religiöse Möglichkeit hat, ja auf sie geradezu gestoßen wird: Die Natur, die der Mensch beherrscht, die er sich untertan macht, verliert immer mehr den Nimbus, der frühere Generationen faszinieren konnte: daß sie göttlich sei, daß ihr göttliche Eigenschaften zukommen, daß sie die Stelle der Gottheit übernimmt, wie es in vielen Naturreligionen der Fall war und noch ist. Die weltliche, technische Welt muß keineswegs zur Gottlosigkeit führen; sie kann den Weg für Gott frei machen, der durch keine falsche Natur- und Weltfrömmigkeit mehr verstellt wird. Denn in der naturwissenschaftlich-technischen Welt begegnet im Grund der Mensch immer sich selbst und seinem Werk.

Der Mensch – das Geschöpf Gottes

Damit kommen wir zur zweiten These:

Was wir von der Welt insgesamt gesagt haben: daß sie als Schöpfung nach einem Schöpfer als dem Grund und der Bedingung ihrer selbst ruft, gilt auch und gerade für den Menschen. Die Grundstruktur der – geschaffenen – endlichen Welt wird vom Menschen selbst für sich selbst überaus eindrucksvoll erfahren. Im Menschen selbst wird die Spur dessen deutlich, der nicht die Welt und der Mensch ist, sondern ihr Schöpfer und Herr.

Der Mensch ist trotz aller „Macht und Herrlichkeit" Geschöpf. Er ist endlich, er ist nicht Herr seiner selbst. Der Mensch findet viele Situationen vor, die ihm widerfahren, die ihm seine Endlichkeit demonstrieren, vor denen er oft genug ohnmächtig und sprachlos ist. Am nachhaltigsten erfährt der Mensch in Geburt und Sterben seine Passivität, und er wird inne, daß über ihn verfügt ist, daß er sich nicht selbst verdankt, daß er sich vorfindet, empfängt, entgegennimmt, daß er angewiesen ist, daß seine Zukunft ungewiß und unsicher bleibt. Vom Menschen reden heißt von Gott reden, lautet eines der bekanntesten und wichtigsten Worte von *Rudolf Bultmann*. Er verdeutlicht diese Worte folgendermaßen:

„In seiner Ohnmacht weiß der Mensch von der Allmacht Gottes, in der Frage nach der Eigentlichkeit weiß er um die Forderung Gottes, durch seine Vorläufigkeit kann der Mensch von der Ewigkeit und der Jenseitigkeit Gottes reden."

Dazu kommt ein Weiteres. Der Mensch ist als Fragender, Erkennender, Wollender, Liebender, Handelnder nicht auf das jeweils Einzelne und Endliche eingegrenzt:

In seinem Fragen, Erkennen, Wollen und Lieben erkennt und bejaht er immer als Bedingung der Möglichkeit das Unbegrenzte: das absolute Wahre, die unendliche Liebe mit. Erst innerhalb dieses umgreifenden – transzendentalen – Horizontes kann das Einzelne in seiner Besonderheit oder in seiner Gegenständlichkeit begegnen. Das bedeutet: Die Grundakte des Menschen und des menschlichen Geistes übersteigen ständig sich selbst, sie greifen ins Unendliche hinaus und leben von der Spannung und den Differenzen, mehr zu wollen als der Wille vollbringen kann, mehr zu erkennen, als dem Geist zu erkennen beschieden ist. Das in der Frage noch Ausstehende übersteigt stets das Gewußte und Erkannte. Das Erkannte und Erreichte schließt nicht ab, sondern eröffnet immer aufs neue den Horizont grenzenloser Offenheit.

Des Menschen Sehnsucht, Verlangen und Liebe werden innerweltlich nicht gestillt; noch in der beglückendsten Erfüllung meldet sich der Schmerz des Nichterfüllten an. Darin zeigt sich die schon oft beschriebene Unruhe des menschlichen Geistes und Herzens, die, weil sie nach Augustinus auf Gott hin geschaffen sind, innerweltlich ruhelos sind, bis sie in Gott die alles übersteigende Erfüllung gefunden haben. An dieser Grundstruktur und Verfassung des Menschen hat sich auch heute nichts geändert. Sie bleibt, solange der Mensch bleibt. Die Frage ist nur, ob der Mensch diese Wahrheit über sich selbst anerkennt und ankommen läßt oder ob er sie – und das vermag er – verschüttet und niederhält.

Ähnliches ist vom „Wort" zu sagen, das dem Menschen angehört, und von der Art und Weise, wie die Sprache dem Menschen zu eigen ist. So umfassend der Mensch im Wort alles zur Gegebenheit bringen kann – er erfährt immer wieder, daß er seines Wortes nicht mächtig ist, daß er weder das erste noch das letzte Wort hat, daß er oft genug und angesichts vieler Gegebenheiten oder Widerfahrnisse sprachlos ist, daß er, weil sein Wort immer wieder unzulänglich ist, lügnerisches Wort ist, nach einem – anderen, nicht vom Menschen stammenden – Wort hungert, von dem er leben kann, in dem die Wahrheit ist. So verweist das Wort nicht nur auf die Mitmenschlichkeit, sondern auf eine tiefere Dimension über den Menschen und das Wort des Menschen hinaus, auf Gott, nicht als Verlängerung, sondern als tiefsten Grund des Wortes, das im Wort des Menschen aussteht und zugleich von ihm erwartet wird.

Das Gewissen

Im Gewissen weiß sich der Mensch in Anspruch und unbedingte Verpflichtung genommen. Die im Gewissen laut werdende Stimme kommt aus dem Menschen selbst; zugleich kommt sie über ihn, weil sie den Menschen einfordert. Zu dieser den Menschen in Anspruch nehmenden Seite des Gewissens kommt der Aspekt des Gewissens als Sanktion, als Tribunal und Gericht: Wir reden vom guten und schlechten Gewissen, wir finden uns darin als Gefragte und Verantwortete vor, wir wissen uns als solche, die angeklagt, gerichtet, verurteilt oder freigesprochen werden. Im Gewissen vereinigen sich Sprechen und Hören, Ruf und Gehör. Und beides betrifft jeweils den ganzen Menschen und den letzten Ernst seiner Entscheidung.

In diesem unbestreitbaren Phänomen, das im Gewissen gegeben, jedem Menschen gegeben ist, zeigt sich die Verwiesenheit des Menschen über sich hinaus auf eine Realität, die im Menschen sich vernehmen läßt, die aber zugleich den Menschen übersteigt. Es zeigt sich jenes Geheimnis, das vom Menschen als Du erfahren wird, das anruft, anfordert und in Verantwortung nimmt. Es verfügt über den Menschen und ruft ihm seine Endlichkeit ins Bewußtsein. Es zeigt das Verfügende im Verfügten, das Unbedingte im Bedingten, das Gültige im sich Wandelnden, das Ewige im Diesseitigen. Durch nichts wird der Mensch so sehr beschrieben als durch die Tatsache, daß er ein Gewissen hat, ja daß er Gewissen ist.

Die Tatsachen können insgesamt nicht innermenschlich oder geschichtlich, psychologisch oder soziologisch erklärt werden; sie verlangen einen anderen Grund als Bedingung ihrer selbst. *Kant* sagt, daß der Angeklagte, der Zeuge und der Richter dasselbe seien, sei eine völlig ungereimte Vorstellung. *J. H. Newman,* der bedeutendste englische Theologe im letzten Jahrhundert, der das Gewissen immer wieder zum Thema seiner Überlegungen gemacht hat, deutet die Gewissensvorgänge so: Die im Gewissen verlautende, autoritative Stimme – „ist ein Zeuge des Unsichtbaren. Sie ist mehr als der Mensch selbst. Er hat keine Macht über sie, er schuf sie nicht, er kann sie nicht zerstören. Er kann ihr ungehorsam sein, er mag sich weigern, ihr zu folgen, sie bleibt ... Das bloße Dasein des Gewissens", so fährt er fort, „erhebt uns aus uns selbst und über uns hinaus, um auszugehen und den zu suchen, dessen Stimme es ist.

Wie der Sonnenschein beweist, daß die Sonne am Himmel steht, auch wenn wir sie nicht sehen, wie ein Klopfen an unserer Tür in der Nacht uns sagt, daß jemand draußen steht, der Einlaß begehrt, so erhebt das Gewissen uns zu dem Gedanken eines obersten Lehrers, eines Vaters, eines Richters, eines, der in mein Herz sieht."

Noch ein Wort Newmans, das die transzendierende Gestalt des Gewissens verdeutlicht, sei angeführt: „Der Böse flieht, auch wenn keiner ihn verfolgt. Aber warum flieht er denn? Woher sein Schrecken? Wer ist das, den er sieht in den verborgenen Kammern seines Herzens?"

Aus alledem ergibt sich: Die Gewissensphänomene weisen nicht nur über sich selbst hinaus in jenes personale, unverfügbare Geheimnis, das wir Gott nennen. Es ist auch umgekehrt: Das Gewissen gewährt eine einzigartige Möglichkeit, um zu verstehen und zu beschreiben, was mit dem Wort Gott gemeint ist. *Paul Tillich* knüpft an diese Möglichkeit an und versucht, dem Menschen von heute einen Zugang zur Wirklichkeit Gottes zu erschließen. In einer Schrift mit dem Titel „In der Tiefe ist Wahrheit“ sagt er:

„Der Name dieser unendlichen Tiefe und dieses unerschöpflichen Grundes allen Seins ist Gott. Jene Tiefe ist es, die mit dem Wort Gott gemeint ist. Und wenn das Wort für Euch nicht viel Bedeutung besitzt, so übersetzt es und sprecht von der Tiefe in Eurem Leben, vom Ursprung Eures Seins, von dem, was Euch unbedingt angeht, von dem, was Ihr ohne irgendeinen Vorbehalt ernst nehmt. Wenn Ihr das tut, werdet Ihr vielleicht einiges, was Ihr über Gott gelernt habt, vergessen müssen, vielleicht sogar das Wort selbst. Denn wenn Ihr erkannt habt, daß Gott Tiefe bedeutet, so wißt Ihr viel von Ihm. Ihr könnt Euch dann nicht mehr Atheisten oder Ungläubige nennen, denn Ihr könnt nicht mehr denken oder sagen: das Leben hat keine Tiefe, das Leben ist seicht, das Sein selbst ist nur Oberfläche. Nur wenn Ihr das in voller Ernsthaftigkeit sagen könnt, wäret Ihr Atheisten, sonst seid Ihr es nicht. Wer um die Tiefe weiß, der weiß auch um Gott.“

Der verborgene Gott

Es folgt auch ein Zweites, das den zuletzt ausgesprochenen Gedanken verdeutlicht, und zwar im Blick auf die Frage: „Abschied von Gott?“ Es kann sein, daß jemand diese Frage theoretisch bejaht und sie dennoch durch sein Tun und Verhalten, also faktisch verneint.

Wenn ein Mensch der Stimme seines Gewissens folgt, wenn er nach seinem Gewissen handelt, wenn er das Gute um des Guten, das Wahre um des Wahren willen will und vollbringt, wenn er selbstlos liebt, dann hat er damit den Horizont des nur Menschlichen überschritten, er hat damit nicht nur implizit ein Wissen von Gott, als dem, der den Menschen „unbedingt angeht“, sondern er bejaht und anerkennt damit in Freiheit und Tat Gott als Grund, als letzte Voraussetzung und Ermächtigung des menschlichen Tuns, als letzten Grund der selbstlosen Liebe. Hier ist Gott als Lebendig-Verfügender wirklich und anwesend, auch wenn Gott nicht mit Namen genannt wird und ohne daß er aufhörte, ein verborgener Gott zu sein.

Zugleich wird deutlich, daß Gott nicht der Feind und der Konkurrent des Menschen ist und eine Beeinträchtigung seiner Freiheit und Liebe darstellt, sondern deren befreiende Ermächtigung ist. Gott ist nicht der Fremde und der Andere, sondern der, von dem Augustinus sagt, er sei mir mehr innerlich als mein „Innerstes". Alle innermenschlichen Parallelen und Vergleiche von Mensch und Mensch und ihrer begegnenden Zuordnung treffen nicht zu auf das Verhältnis von Gott und Mensch und der Art und Weise, wie Gott – um mit Bonhoeffer zu sprechen – „mitten im Leben jenseitig" ist.

Das Wort „Gott"

Sosehr man zugeben kann und muß, daß das Wort Gott oft genug unbedacht gebraucht oder mißbraucht wird – als Wort für Gedankenlosigkeiten –, sosehr man deshalb die Empfehlung verstehen kann, auf das Wort „Gott" zu verzichten, dieser Vorschlag ist nicht anzunehmen. Denn wenn das Wort Gott ausfällt – also das mit Mensch und Welt nicht identische, aber sie begründende, verfügende, fragende, zur Verantwortung rufende absolute, unbedingte Du –, wird die Wirklichkeit der Welt und des Menschen verfälscht, sie wird um ihre tiefste Wahrheit, um ihr letztes Geheimnis gebracht.

Gott ist nicht durch ein anderes Wort zu ersetzen – etwa durch Mitmenschlichkeit. – Gott ist das absolute und freie Gegenüber des Menschen, das dem Menschen immer schon voraus ist, das die Begegnung des Menschen mit ihm erst ermöglicht. Wird auf das Wort „Gott" verzichtet, dann besteht die Gefahr, die mit Gott gemeinte und durch nichts anderes zu ersetzende Realität preiszugeben und zu verlieren. Es ist vielmehr alles zu tun, um das Wort Gott aus der Verflachung und Verschüttung, aus der Gedankenlosigkeit zu entreißen, in die wir es gebracht haben, und es neu und unverfälscht zur Sprache zu bringen. Gerade in diesem Betracht haben wir auf die Bibel zu hören, die in Sätzen spricht, in denen, grammatikalisch ausgedrückt, Gott als Subjekt mit einem Prädikat verbunden ist, das in der Form von Verben Aussagen über ein Handeln Gottes macht, also personal von Gott redet.

Dieser Gedanke ist durch den andern zu ergänzen, daß der Begriff der Person ursprünglich nicht vom Menschen her abgelesen und entwickelt wurde, sondern in der christlichen Theologie, näherhin in der Lehre von Christus – eine Person in zwei Naturen – und der Lehre vom dreifaltigen Gott – drei Personen in einem Wesen – entstand. Daraus folgt: Der Mensch ist Person, weil er Gottes Bild und Gleichnis ist. Das Personsein des Menschen ist als Teilhabe an Gottes Wesen begründet.

Die eben beschriebene Grundbefindlichkeit des Menschen, die durch die den Menschen charakterisierende Herkunft, Verdanktheit und Angewiesenheit bestimmt ist, wird in der Religion und in den Religionen zur Sprache gebracht. So vielgestaltig diese sein mögen, da sie in ihren Ausdrucks- und Gestaltmöglichkeiten an den Menschen, an seine kulturelle und soziale Situation gebunden sind – ihnen allen ist gemeinsam, daß sie der Grundsituation des Menschen Ausdruck und Gestalt geben.

Das Zweite Vatikanische Konzil beschreibt Religion so: „Die Menschen erwarten von den verschiedenen Religionen Antwort auf die ungelösten Rätsel des menschlichen Daseins, die heute wie von je die Herzen der Menschen im tiefsten bewegen: Was ist der Mensch? Was ist Sinn und Ziel unseres Lebens? Was ist das Gute, was die Sünde? Woher kommt das Leid, und welchen Sinn hat es? Was ist der Weg zum wahren Glück? Was ist der Tod, das Gericht und die Vergeltung nach dem Tode? Und schließlich: Was ist jenes letzte und unsagbare Geheimnis unserer Existenz, aus dem wir kommen und wohin wir gehen?"

Die großen Religionen können danach unterschieden werden, ob in ihnen mehr der Schöpfer aller Dinge oder der über den Menschen verfügende, den Menschen in seinem Tun anrufende und verpflichtende Gott verehrt wird.

Allen Religionen ist gemeinsam – das zeigt sich in einem unverkennbar religiösen Phänomen wie dem des Gebetes –, daß der Angerufene als Du, als Person angesprochen und gemeint ist, daß er als das freie, souveräne, verfügende Gegenüber verstanden wird, daß er nicht von dieser Erde ist, und doch ihr letzter, umgreifender Grund, daß der Mensch in Distanz und Ehrfurcht und zugleich in letzter Gemeinschaft mit ihm sich verbunden weiß.

Mögen viele Religionen sterben und untergehen, und viele sind schon diesen Weg gegangen, die Religion als Ausdruck der Grundverfaßtheit des Menschen wird bleiben, solange der Mensch lebt und solange der Mensch sich nicht völlig selbst verleugnet und von sich abfällt. Daß dies nicht möglich sein wird, ist die Hoffnung der Menschheit, ihrer Gegenwart und Zukunft.

Die vielen Namen, mit denen das, was wir Gott nennen, zur Sprache kommt, sind ein Zeichen dafür, daß die Realität Gottes universal ist, und daß die Fülle Gottes nicht ausgeschöpft und ausgesagt werden kann. Sie sind aber auch ein Hinweis auf die Vielfalt des Menschen und Menschlichen selbst, seines Herzens, seines Geistes, Spiegelungen seiner Geschichte und seiner Entwicklung, Spiegelungen auch dessen, daß die Rede des Menschen von Gott unvollkommen, daß sie verderbt und falsch werden kann, daß sie nie den einholt, auf den sie sich richtet.

Der Gott Israels

Damit kommen wir zum letzten Thema unserer Überlegung. Der Gott, der Schöpfer und Herr aller Dinge, der geheimnisvolle Grund des Menschen, der im Gewissen des Menschen und in dessen Verantwortung sich vernehmen läßt, ist zugleich der Gott, von dem die Bibel sagt, daß er sich noch deutlicher mitgeteilt und erschlossen habe als in der Schöpfung, als im Herzen, im Geist und Gewissen des Menschen. Gott hat sich bezeugt als der, der zunächst bestimmte Menschen, wie Abraham, Isaak und Jakob und dann ein Volk, das Volk Israel, in besonderer Weise geführt hat und der in dessen seltsamen, bemerkenswerten geschichtlichen Erfahrungen und Widerfahrnissen sich als Herr dieses Volkes erwies, in Erfahrungen, die entwicklungsgeschichtlich oder kulturgeschichtlich, politisch oder soziologisch nicht restlos erklärbar sind, sondern als wirksame und verfügende Anwesenheit des Gottes Israels. So hat das Volk Israel selbst sein Geschick erfahren, verstanden und bezeugt, in seinen Bekenntnissen gedeutet und artikuliert und in seinen Festen begangen und gefeiert. Diese Erfahrung sollte zugleich zum – stellvertretenden – Zeugnis für die andern Völker, zum Zeichen für die Welt werden.

Dabei wurde deutlich, daß der Gott Israels nicht verfügbar, berechenbar und manipulierbar ist, keineswegs Projektion oder Wunsch dieses Volkes – sonst wären die Züge dieses Gottes ganz anders –, sondern der freie, souveräne Gott, der seine Gottheit dadurch zeigt, daß er anders handelt, daß er andere Wege führt, als die Menschen denken oder erwarten. Der Gott Israels ist in aller geschichtlichen Führung ein verborgener Gott. Seine in der Geschichte Israels kundwerdende Offenbarung ist zugleich die Offenbarung des verborgenen Gottes.

Jesus Christus

Nach dem Zeugnis des Neuen Testaments hat sich Gott zuletzt, einzigartig und endgültig, geoffenbart in einem Menschen: in Jesus von Nazaret. In seiner Person, in seinem Leben und in seinem Geschick, in seinem Tod, in seiner Auferstehung von den Toten. Darin gründet das Glaubensbekenntnis des Christen, auf diesen Inhalt ist es bezogen. In der Offenbarung Gottes in Jesus von Nazaret wird noch offenkundiger, daß Gott nicht nach des Menschen Bild und Gleichnis geschaffen ist, sondern daß er sich seine Göttlichkeit vorbehält. Der Gott, der in der Schöpfung und im Geist, Herz und Gewissen des Menschen sich kundgetan hat und dies ständig tut – deshalb ist er nicht tot –, ist zugleich derjenige, der in der Gestalt der Unscheinbarkeit, der Armut, der Niedrigkeit, der Entäußerung, der Not, des Leidens, des Kreuzes, der Angst und des Todes sich offenbart und darin seine verborgene Anwesenheit und seine anwesende Verborgenheit zeigt.

E. Biser hat immer wieder darauf hingewiesen, daß wir Zeugen einer glaubensgeschichtlichen Wende sind, die in der vielfältigen Entdeckung Jesu besteht, besonders auch im außerkirchlichen Bereich, in Tendenzen der Literatur, der Kunst und der Philosophie. Er sieht darin ein Hoffnungszeichen für Religion, Glaube und Kirche. Denn wer sich auf Jesus vorbehaltlos einläßt, kann an dem nicht vorübergehen, den er seinen Vater nennt, auch nicht an der von ihm ausgehenden Wirkungsgeschichte. Wieweit diese Möglichkeit heute zur Wirklichkeit wird, bleibt allerdings offen. Es bleibt auch die Frage, welcher Jesus, welches Bild von Jesus jeweils vermittelt wird. Es ist oft genug ein Jesus, den der Mensch nach seinem eigenen Bild und Interesse geschaffen hat. Dazu kommt, daß die Wiederentdeckung Jesu meistens mit dem Nein zur Kirche einhergeht. Deshalb – das wissen wir durch die Offenbarung in Jesus Christus – sind die Tatsachen des Leids in ihren unzähligen und unabsehbaren Formen – wir haben im früheren Zusammenhang darüber ausführlich gesprochen –, die von Anfang der Welt bis heute als Einwand gegen Gott, gegen seine Möglichkeit und Wirklichkeit ins Feld geführt wurden, kein Grund zu erklären: „Gott ist tot." Sie sind vielmehr der Ort und die Stunde, da der Mensch Gott begegnen kann, weil Gott mitten in der Nacht und im Grauen des Leides anwesend ist – so anwesend wie im Kreuz und in der scheinbaren Gottverlassenheit Jesu Christi, des Sohnes Gottes. Die Erfahrung des Todes kann zur unzerstörbaren Gewißheit werden: Gott lebt.

Solche Aussagen und Möglichkeiten sind begründet und eröffnet in der Auferweckung Jesu von den Toten, in der Überwindung des Todes und in dem dadurch erschlossenen neuen Leben, das die Frage: „Gott ist tot?" endgültig entscheidet und verneint.

Wie sehr an diesem Geschehen das Zeugnis des christlichen Glaubens hängt, der ohne Ostergeschehen weder Glaube noch christlich genannt werden kann, macht eine sehr bekannte Stelle aus dem Neuen Testament deutlich, das älteste Osterzeugnis der Bibel:

„Ist Christus nicht auferstanden, dann ist unsere Predigt sinnlos, sinnlos auch euer Glaube. Dann werden wir als falsche Zeugen Gottes erfunden; denn wir hätten gegen Gott bezeugt, daß er Christus auferweckt habe, den er ja gar nicht auferweckt hat, wenn angeblich Tote nicht auferweckt werden. Wenn nämlich Tote nicht auferweckt werden, ist auch Christus nicht auferweckt worden. Ist aber Christus nicht auferweckt worden, ist nichtig euer Glaube, und ihr seid noch in euren Sünden. Wenn wir nur in diesem Leben auf Christus hoffen, sind wir beklagenswerter als alle Menschen. Nun aber ist Christus auferweckt worden von den Toten, als Erstling der Entschlafenen" (1 Kor 15, 14–20).

Wer dieses Zeugnis auf sich wirken läßt, das nicht das Zeugnis eines einzelnen ist, sondern das Zeugnis, in dem die Grundüberzeugung der ersten Christen lebt, wundert sich nicht, daß die Unerhörtheit des hier Bezeugten von

Anfang an bestritten, geleugnet, als unmöglich, als Betrug, als Phantasie, als Halluzination deklariert wurde, als Zeugnis, das so, wie es dasteht, unmöglich verstanden und übernommen werden kann, sondern anders interpretiert werden muß. Die Diskussion um die Auferstehung Jesu ist heute in vollem Gange. Dies ist duchaus ein Zeichen dafür, daß das darin Bezeugte, daß der darin Bezeugte lebt und die Menschen nicht zur Ruhe kommen läßt.

Wir können auf die vielen Einwände nicht eingehen, die sich an die Auferstehung Jesu von den Toten knüpfen und die gerade heute im Namen aller möglichen Instanzen die Unmöglichkeit dieses Geschehens erklären. Nur eines sei bedacht: Man sagt, die Auferstehung von den Toten sei deshalb unmöglich, weil sie jeder geschichtlichen und innerweltlichen Erfahrung widerspreche und nirgendwo in Welt und Geschichte eine Parallele oder eine Analogie habe. Darauf kann man nur erwidern: Das Ereignis der Auferstehung, die Botschaft, daß der Auferstandene, von den Toten Erweckte lebt und nicht mehr stirbt, also den Tod gleichsam im Rücken hat, kann gar keine Parallele oder Ähnlichkeit oder Analogie in der Welt und in der Geschichte oder gar in der „Natur" haben. Das spricht aber keineswegs gegen ihre Möglichkeit und gegen ihr Geschehensein, sondern bekundet nur die *Einzigartigkeit dieses Geschehens.* Das Ostergeschehen, die Auferweckung von den Toten, hat nur *eine* vergleichbare Parallele: die Schöpfung als Grund der Welt und der Geschichte. Diese Parallele hat schon Paulus gesehen und gezogen, wenn er von dem – gleichen – Gott spricht, der – „das Nichtseiende ins Seiende ruft und der die Toten auferweckt" (Röm 4,12).

Die aus der „Geschichte sonst" nicht ableitbare Auferweckung Jesu von den Toten ist insofern Geschichte, als sie Geschichte stiftet, als sie neue Geschichte eröffnet, Geschichte, in der der Mensch leben kann, Geschichte, die die Zukunft, die endgültige und absolute Zukunft erschließt und die deshalb der unvergängliche Grund der Hoffnung ist. Sie eröffnet das Ziel aller geschichtlichen Wege: unser aller Auferstehung von den Toten und das ewige Leben.

Durch die Auferweckung von den Toten, durch die dadurch erfolgte „Entgrenzung" aus Raum und Zeit ist Jesus Christus jener, der immer und jederzeit in Welt und Geschichte anwesend sein kann, der durch seinen Geist, durch sein Wort, durch sein Werk, durch sein Leben unter den Menschen gegenwärtig und gleichzeitig ist. Bis an das Ende der Welt ist Jesus Christus, der Auferstandene und Lebendige, der Bürge und der Zeuge dessen: Gott ist nicht tot, Gott lebt. Es ist an uns, nicht Abschied von Gott zu nehmen, sondern ihm zu begegnen. Die – vielen – Wege dazu sind auch heute offen.

Die bleibende Botschaft der Bibel

Alfred Schilling
„Verstehst du auch, was du liest?"
Vom rechten Umgang mit der Bibel
Band 1585, 160 Seiten

Claus Westermann
Schöpfung
Die Naturwissenschaft fragt –
was die Bibel antwortet
Band 1630, 208 Seiten

Norbert Lohfink
Unsere neuen Fragen
und das Alte Testament
Wiederentdeckte Lebensweisung
Band 1594, 160 Seiten

Rudolf Pesch
Der Prozeß Jesu geht weiter
Band 1507, 128 Seiten

Herbert Vorgrimler
Jesus – Gottes und des Menschen Sohn
Band 1107, 128 Seiten